André Senier

BUDA Y EL BUDISMO

dve
PUBLISHING

Traducción de J. Lalarri Estiva.

Fotografías de cubierta de © Thinkstock.

© Editorial De Vecchi, S. A. 2018
© [2018] Confidential Concepts International Ltd., Ireland
Subsidiary company of Confidential Concepts Inc, USA
ISBN: 978-1-68325-744-8

Índice

Introducción

El budismo es actualmente una de las religiones más importantes del mundo atendiendo al número de fieles. Originario del área india del Ganges, se ha extendido por todo el subcontinente asiático antes de continuar su expansión —no sin modificaciones— por la mayor parte de las regiones de Asia, donde se ha ramificado en tres grandes escuelas. Además, la imagen de paz y sabiduría que transmite ha permitido que en la actualidad se haya ido implantando en todo el mundo occidental.

Su nombre tiene su origen en el calificativo con que fue conocido su fundador, Buda, es decir, «despierto», «iluminado»; un término que hace referencia a la vez al personaje histórico que está en el origen de la doctrina y al estado que cada persona puede alcanzar si sigue el ejemplo del Maestro.

Nacido a mediados del siglo VI a. de C. en el clan de los sakya, Buda fue también conocido, debido a su linaje, con el seudónimo Gautama. Los textos raramente mencionan el título de Sakyamuni («el sabio del clan de los sakya»). En cuanto al de Siddhartha, «el que alcanza su objetivo», es ciertamente de reciente tradición.

Teniendo en cuenta el carácter apócrifo de los textos más antiguos, resulta difícil establecer con precisión cómo fue realmente el budismo de Buda. La actitud que en su época adoptó en relación con las angustias de la existencia y las dificultades de la vida procedía más, sin duda, de la ética, de la sabiduría sencilla y de la moral pura que de una doctrina muy elaborada. Buda fue un sabio en el sentido estricto del término, alguien que por su aura resultaba irresistible a todos cuantos se le acercaban y que irradiaba con su presencia los lugares que recorría. Buda llegaba a los demás a través de su bondad y de su desinterés por las cosas materiales, de manera que rápidamente adquirió categoría de ejemplo. Su vida podría resumirse, en definitiva, en unas pocas palabras. Nació en la región de Kapilavastu, al norte de la India, donde, criado en un ambiente relativamente cómodo, llevó una existencia realmente conforme con la ortodoxia de la época.

Abandonó el círculo familiar para entregarse a una vida de asceta errante siendo todavía joven, una elección muy especial que le permitió adquirir ese dominio de sí mismo que tanto impresionó después a todos. Muy pronto se reunió en torno a él un primer grupo de fieles. Al final de su existencia debió alternar la enseñanza con la peregrinación. Se ignora, desgraciadamente, todo lo relativo a su muerte.

La «verdad» de los textos es una versión magnificada y claramente henchida de aspectos maravillosos. A un nacimiento milagroso le sucedió la opulencia de una vida principesca aderezada con una boda de alto nivel. Padre a la edad de veintinueve años, el futuro Buda dejó muy pronto su casa para entregarse a una vida de renuncia. Cuando tenía unos treinta y cinco años conoció por fin la iluminación bajo un árbol sagrado, la higuera de las pagodas *(Ficus religiosa)*, tras recurrir, seguramente, a antiguas técnicas de yoga (se han descubierto testimonios de la existencia de un yoga primitivo en la civilización hindú desde el tercer milenio a. de C.).

Poco después de este ascenso al estatus de Buda (la iconografía, especialmente importante en el budismo, ha asociado este momento con la posición de la meditación), rechazó las fuerzas del mal desplegadas por Mara, el dios de los infiernos (con el gesto simbólico de tomar la Tierra como testimonio), y pronunció su primer sermón (gesto de la enseñanza) en el parque de las gacelas, en Sarnath, cerca de Varanasi (Benarés). Aquí fue donde transmitió las enseñanzas fundadoras de la comunidad monástica a sus cinco primeros discípulos.

La actitud soteriológica de Buda se inscribía en la perspectiva del samsara (el ciclo de los renacimientos) sometido al karma (retribución de los actos). Aquella postula que los seres vivos pasan, debido a sus acciones, de una existencia a otra, alternando los buenos con los malos renacimientos. La acción del Maestro debía consistir en cortar esta «cadena de sufrimiento», a priori sin fin, desarrollando la cuestión de las cuatro nobles verdades que constituyen la esencia de su doctrina. En Sarnath, Buda puso de manifiesto:

— la verdad del dolor, porque la vida humana está salpicada por innumerables sufrimientos;
— la verdad del origen del dolor que constituye el deseo inducido por la ignorancia;
— la verdad del fin del dolor que consiste en suprimir el deseo y permite alcanzar la beatitud suprema del parinirvana (extinción completa);
— la verdad del camino que conduce al fin del dolor. Esta vía, calificada de «vía de los ocho miembros» (opinión pura, intención pura, palabra pura, actividad corporal pura, medios de existencia puros, esfuerzo puro, atención pura y concentración mental pura), es una especie de exaltación de una vida en la que la moral ocupa un lugar destacado.

También fueron puestos de manifiesto determinados ejercicios físicos que permitían alcanzar el dominio del cuerpo y de la mente. Sin embargo, tales opciones necesitaban un entorno especial y una estricta disciplina de vida. Mendicidad, evangelización y meditación pasaron a ser la parte esencial de una existencia ya marcada por la austeridad. No era solamente cuestión de iniciar un culto más. Después de la desaparición del Maestro, todo sucedió de una manera muy diferente. Se puso en marcha un proceso que dio origen a un budismo de esencia religiosa llamado a evolucionar de manera considerable durante muchos siglos.

Las diferentes escuelas del budismo deben tenerse en cuenta. Sus diferencias son sustanciales

El budismo theravada

Confrontados a un mundo sin Buda, los primeros discípulos establecieron rápidamente un culto alrededor de la personalidad de este último. El estupa, monumento para contener reliquias, en el que fueron depositadas las cenizas del Maestro después de su muerte definitiva (Parinirvana), se convirtió en la arquitectura emblemática de la nueva religión. Muy pronto se levantaron muchos miles más. Simultáneamente a estos testimonios formales, se codificó la palabra *Buda* y se intentó compendiar sus sermones, que se habían convertido en el elemento más importante del canon budista. Esta base doctrinal puso de relieve el ejemplo del Maestro como medio para alcanzar la salvación.

El proceso de divinización de los bienaventurados quedó definitivamente acabado en lo que hacía referencia a la representación mediante símbolos. Inicialmente anicónico, la evocación de Buda evolucionó en torno al comienzo de la era cristiana hacia una iconografía centrada en los momentos esenciales de su vida (nacimiento, llamada, toma de la tierra como testimonio, enseñanza, apaciguamiento, don y parinirvana). Estos son los temas representados todavía hoy en los países de tradición theravada, como, por ejemplo, Sri Lanka, Myanmar, Tailandia, Laos o Camboya.

El budismo mahayana

Frente a la salvación individual predicada por la doctrina theravada, el budismo mahayana («gran vehículo»), desarrollado a comienzos de la era cristiana, dio prioridad al ideal del Bodhisattva, un «ser prometido a la Iluminación» que aplazaba su ascenso al nirvana para ayudar al mayor número posible de personas a salvarse. Esta nueva entidad desempeñaba de esa manera un papel como intercesora entre la humanidad que sufre y la divinidad, y proponía una forma más universal de redención. Poco a poco, el panteón budista de los Bodhisattva iba tomando cuerpo. Algunos de sus miembros más destacados fueron Maitreya, el buda del periodo cósmico futuro, y también Manjusri. Sin embargo, el más importante de todos ellos fue, sin duda, Avalokitesvara, que en China se convirtió en Guan Yin y se feminizó.

El budismo mahayana insistía también en el simbolismo del espacio y en los gestos de conexión con una categoría de Buda calificada como Buda de Oriente (Vairocana, Aksobhya, Ratnasambhava, Amitabha, Amogasiddhi). Hoy puede encontrarse en Japón y, bajo alguna forma atrofiada, en China y Vietnam.

El budismo tántrico

Esta última forma de budismo apareció a principios del siglo III d. de C. Retomando los elementos presentados por el budismo mahayana, insiste especialmente en los rituales y la práctica del yoga como un medio para llegar a la salvación. La función del gurú («maestro») se ve revalorizada. Las divinidades masculinas se multiplican y toman a veces formas feroces. También pueden aparecer junto a deidades femeninas (prajna).

Esta extrema complejidad estaría, según algunos, en el origen del irremediable declive del budismo en la India. No obstante, el tantrismo ha subsistido

en el Nepal y en el Tíbet. Vamos a intentar comprender quién fue Buda y qué es el budismo, o más
bien los budismos.

Las fuentes históricas
de la fe budista

EL PROSELITISMO DEL REY AÇOKA

La historia del budismo comenzó con la de una comunidad de monjes mendicantes que se agruparon en la llanura del río Ganges, unos quinientos cincuenta años antes del comienzo de la era cristiana, alrededor de la persona de Gautama, Buda. Nada sabemos con precisión de todo lo que concierne a este último, por ello debemos buscar datos en textos legendarios para conocer la realidad de este personaje. De hecho, los documentos históricos suponen un bagaje bastante escaso.

Las tradiciones más antiguas del budismo se han conservado en Ceilán —actualmente Sri Lanka—, donde ciertas producciones relativamente modernas han venido a ampliar este viejo patrimonio por simple yuxtaposición, si bien manteniendo intacta la parte más antigua.

El conjunto de estos textos forma la literatura sagrada, redactada en lengua pali, única versión en la que se conserva el original completo. En este dialecto, que llegó a la isla desde el sur de la India y está estrechamente emparentado con el sánscrito, se considera que se expresó originalmente la doctrina.

Los documentos más antiguos datan de los siglos V y VI a. de C., si bien también estos proceden de alguna fuente muy anterior. Mahinda, hijo del rey indio Açoka que vivió hacia el año 260 antes de nuestra era, habría sido el propagador del budismo en Ceilán. Açoka, que había abrazado la fe budista y unificado bajo su autoridad la casi totalidad de la India, extendió la nueva doctrina por todos sus territorios. En torno al año 252 convocó un importante concilio a fin de fijar esta creencia y creó un consejo de las misiones extranjeras para divulgarla por todo el mundo.

Existen varias escuelas budistas. En la Edad Media sus representantes las reunieron en tres grandes categorías: la del budismo hinayana, o «pequeño vehículo»; la del budismo mahayana, o «gran vehículo», y la del budismo tántrico. El «pequeño vehículo», el más antiguo, pretende remontarse al mismo Buda y se dirige a los que son llamados para la última renuncia. El «gran vehículo», posterior a la era cristiana, declara querer llegar más lejos y dirigirse a un mayor número de criaturas. Se apoya en una interpretación más profunda de los textos antiguos y en las revelaciones escalonadas a lo largo de los siglos. En cuanto a la vía tántrica, esta consiste en la superposición de relatos mitológicos budistas y prácticas sivaítas y paganas: se alcanza la salvación a través de la magia y los ritos.

El jainismo

Religión india cuyo origen se atribuye a un personaje mítico tenido por una encarnación del dios Vishnú y cuya obra fue continuada por otros veintitrés sabios de los que el último, Vardhamana, fue contemporáneo de Buda. Los seguidores de esta doctrina admiten la existencia de dos sustancias: una tosca e inerte que forma la parte inanimada del universo, y otra, sutil y móvil, que constituye el alma. Esta, indefinidamente fragmentada, habita en todas las criaturas, desde los minerales hasta los dioses, pasando por los vegetales, los animales y los hombres. Cada una de sus manifestaciones es indestructible y se eleva o vuelve a caer en función de sus méritos o sus faltas.

En consecuencia, los jainistas practican el respeto absoluto a toda criatura viviente y predican una pureza no menos fanática de las costumbres. Para ellos, sólo el conocimiento de los textos sagrados puede liberar a los seres del ciclo infernal de las reencarnaciones, sin hablar de fe ni de una

(continúa)

conducta religiosa ejemplar. Estas creencias, extendidas por la antigua India, sólo son practicadas hoy día por unos diez millones de fieles, que viven en el estado de Bihar (en el este de la India) y en la parte occidental del subcontinente. Dos sectas practican el jainismo, separadas únicamente por la observación más o menos draconiana de las reglas.

UNA TRADICIÓN TRANSCRITA POR LOS MONJES

Diferentes concilios, además del de Açoka, se celebraron después de la muerte de Buda. Se acepta, en lo que respecta al canon pali, que las palabras de los bienaventurados sólo se habrían puesto por escrito unos cien años antes de nuestra era. Algunos descubrimientos arqueológicos demuestran que en la época del rey Açoka era bien conocida la existencia de una ciudad llamada Kapilavastu, situada al norte de Benarés, así como un lugar llamado Lumbini, en el que la leyenda sitúa el nacimiento de Buda y al que este rey iba en peregrinación.

Açoka hizo referencia en sus edictos, por otra parte, a siete obras que figuran en los textos canónicos. Finalmente, el descubrimiento, en Nepal, de algunas inscripciones halladas en un relicario demuestra que el culto de las reliquias del gran fundador ya existía en el siglo III a. de C.

Los datos biográficos y geográficos relativos al Maestro o a sus discípulos no han sido inventados por completo; además, la tradición jainista, cuyo fundador fue un contemporáneo de Buda, nos da determinadas garantías, como, por ejemplo, de la existencia de Devadatta, un pariente rival de Sakyamuni que encontramos en la leyenda.

Se puede adelantar que algunos elementos de la tradición fueron fijados con bastante rapidez por los monjes deseosos de recoger las lecciones y los códigos de la disciplina de su guía. Este acervo, en primer lugar oral, se enriqueció con las diferentes fraternidades, cuyas relaciones eran muy frecuentes, y con desarrollos escolásticos, líricos, míticos y legendarios. Así fueron fijados los cánones del budismo hinayana a partir de materiales muy antiguos pero bien pronto articulados de una forma definitiva. Es lo que se llama las *cestas*, de las que las dos primeras (la del *Discurso* y la de la *Disciplina*) son probablemente coetáneas del siglo posterior a la muerte del Perfecto. Existe también una recopilación claramente más tardía compuesta por antiguos materiales mitológicos refundidos bajo una forma popular: estos son los *Jataka*, conjunto que recupera de nuevo los relatos de los nacimientos anteriores de Buda.

La vida del príncipe Siddharta, presentada a continuación, es una amalgama de la triple corriente de la que acabamos de decir algunas palabras, con

una fuerte influencia mahayanista, como es evidente: en efecto, el énfasis devoto, o bhakti, ocupa un
amplio espacio, rasgo muy específico del mahayana
(«gran vehículo»).

La leyenda del Buda Gautama

Antes de convertirse en el Perfecto que vino a este mundo para enseñar a los hombres el camino de la salvación, Buda Gautama conoció un incalculable número de existencias. Y durante cada una de ellas, tanto si no era más que un humilde animal que habitaba en los grados inferiores de la escala de los méritos como si era un hombre, numerosos signos indicaban su gloria futura.

Se cuenta que vivía, más de cien mil años antes de su última existencia, encarnado en un hombre rico y poderoso llamado Thumeda. Sin embargo, dado que no dejaba de reflexionar sobre la muerte y la vanidad de todas las cosas, decidió entregar todo cuanto poseía y retirarse a vivir en soledad. En aquella lejana época enseñaba Deipinkara, uno de los sabios que figura en la larga lista de los Budas que iluminaron la tierra con su ciencia. Un día, mientras iba recorriendo la región para predicar la

19

ley, llegó a un lugar en que el estado del camino, devastado por la intensidad de las lluvias, le impidió continuar su peregrinación. Dado que, antes de que él llegara, la población se había reunido para reparar la calzada estropeada por las aguas, Thumeda se sumó a la multitud y se puso manos a la obra con gran entrega. Cuando ya casi había acabado el tramo que le había correspondido arreglar vio aparecer a Deipinkara y su séquito de monjes.

Entonces, para rendir homenaje al Maestro, se echó sobre el tramo que le faltaba por arreglar y le rogó que pasara sobre su cuerpo con todo su séquito a fin de que no se interrumpiese la marcha del cortejo. Deipinkara aceptó, fijó un tiempo de descanso y le dijo:

«Santo ermitaño, eras rico y voluntariamente te has convertido en pobre; eras orgulloso y te has convertido en el más humilde de los hombres. Te anuncio que un día, cuando hayan pasado muchos siglos y la ley sea de nuevo desobedecida por los habitantes de este mundo, te convertirás en el más grande de todos los Budas».

Aquel que bajo el nombre de Buda Gautama debía proclamar la «Gran Huida» se encarnó una última vez, después de mucho tiempo, en el seno de Maya, en el país de los sakyas, que se encuentra en el centro de la llanura del Ganges. Esta es su historia tal como nos ha llegado a través de la tradición.

El nacimiento de Siddharta

Cuando llegó la hora de producirse su último nacimiento en este mundo, hacia el año 550 antes de la era cristiana, Buda eligió como padre al rey Suddhodana, que reinaba desde la ciudad de Kapilavastu sobre el pueblo de los sakyas. Por esta razón, más tarde le sería entregado el título de Sakyamuni, el sabio de la casa de los sakyas. No lejos del palacio real discurría el Rohini, un afluente del Ganges al que los documentos más antiguos ya denominan con ese nombre.

Suddhodana tenía por esposa a Maya, a la que se había anunciado, cuando no era más que una niña, que un día sería la madre del Salvador de los hombres. He aquí que un día, mientras estaba dormida en su habitación, tuvo el siguiente sueño: cuatro genios entraban en su habitación y la transportaban a la cima del monte Merou, la montaña sagrada del Himalaya. Allí se le apareció un elefante blanco que sujetaba con su trompa un loto blanco. El animal dio tres vueltas alrededor de la mujer y la dejó después a su derecha, según el ritual sagrado llamado *pradakshina*; a continuación, inclinándose ante ella, le abrió el regazo con uno de sus colmillos y desapareció.

Al despertarse, le contó el sueño a su marido, quien pidió a los adivinos de la corte que lo analizaran. Estos le predijeron el nacimiento de un hijo que se convertiría en la luz del universo. Cuando se acercaba el momento del parto, la reina Maya, con el consentimiento de Suddhodana, su marido, se dirigió a la tierra de sus padres. Apenas había comenzado el viaje cuando, en el bosque de Lumbini, nació un niño portador de treinta y dos signos superiores y de ochenta marcas inferiores.

Con gran asombro por parte de quienes lo rodeaban, el niño se levantó, dio siete pasos en dirección al sol naciente y dijo: «Yo, Bodhisattva, alcanzaré el primer rango en el mundo». Dio otros siete pasos hacia el sur y añadió: «Seré digno de las ofrendas de los hombres y de los dioses». Después, girándose hacia el norte, dio de nuevo otros siete pasos y dijo: «Este es mi último nacimiento. Pondré fin al nacimiento, a la vejez, a la enfermedad y a la muerte. En medio de todos los seres, no tendré superior». Marchando, finalmente, hacia poniente, dijo de nuevo: «Venceré a Mara, "el tentador", y llevaré la paz incluso a la región de las sombras».

Al mismo tiempo y en otro lugar nacía Yasodhara, su prima y futura esposa, y también Nanda, su primo, que se convertiría en su discípulo preferido, y *Kathanka*, el caballo sagrado con el que se escapó del palacio de su padre. Después, en el bosque de Uruvela, nacía de la tierra el árbol de Bodhi, bajo el que un día el Perfecto recibió la iluminación.

Maya murió siete días después de haber traído al mundo al niño predestinado, porque la madre de Buda no debía volver a tener ningún otro hijo. Los adivinos profetizaron entonces a Suddhodana que si su hijo permanecía en el mundo llegaría a ser el Sakravarti, «el que hace girar la rueda de los mundos», es decir, el rey de reyes que sería maestro de la Gran Tierra, pero que si renunciaba al mundo se convertiría en la luz de los hombres. El rey, que deseaba para su hijo una investidura profana, pidió entonces a los sabios que le enumeraran los signos que podrían señalar la vocación del alejamiento: «Cuatro signos le indicarán —le dijeron— cuál es su camino: encontrará a un anciano, después a un hombre enfermo, a continuación a un muerto y para terminar a un monje».

Suddhodana hizo entonces vigilar las puertas de la ciudad, alejó a los enfermos y a los religiosos, y se preocupó de que sus habitantes fueran únicamente jóvenes. Además, confió a la hermana de Maya, a la que había convertido en su nueva esposa, la tarea de educar al niño, al que bautizó como Siddharta, «el que cumple».

Los signos mayores del Bodhisattva

Poco después del nacimiento de Siddharta, un asceta llegado del Himalaya describió al rey Suddhodana los signos que un día debían aparecer sobre el cuerpo de Buda en señal de predestinación:

(continúa)

Su cráneo presentará una excrecencia. Sus cabellos trenzados por la derecha serán azulados. Su frente será ancha y lisa. Entre sus cejas lucirá un pequeño círculo de pelos argentados. Sus ojos, protegidos por largas pestañas como las de una becerra, serán grandes, blancos y negros. El lóbulo de sus orejas será tres veces más grande de lo habitual. Lucirá cuarenta dientes fuertes e iguales. Una lengua muy sensible le proporcionará un excelente sentido del gusto. Su mandíbula tendrá la fuerza de un león. Su piel será fina y tendrá el color del oro. Tendrá el cuerpo flexible y firme como el tallo del oro. El torso será muy parecido al pecho de un toro, los hombros redondos, los muslos fuertes, las piernas de gacela y tendrá siete protuberancias bien distribuidas. Su mano será grande. Su largo brazo alcanzará la rodilla. Tendrá los dedos de las manos y de los pies unidos por una fina membrana. Sus pelos nacerán uno a uno, y los de sus brazos crecerán orientados hacia arriba. Lo que necesite ocultar será tapado. Sus talones serán grandes. Las palmas de sus manos estarán unidas. Bajo la planta de cada pie llevará trazada una rueda de mil radios y se mantendrá perfectamente derecho sobre sus pies, que serán simétricamente iguales. En cuanto a su voz, tendrá el timbre de Brahma.

LOS CUATRO REENCUENTROS

Quienes han relatado la vida y las palabras de Buda no han dicho casi nada del tiempo transcurrido entre su nacimiento y su adolescencia. En todas las disciplinas a las que se entregó destacó siempre sobre aquellos que le rodeaban: muy pronto manifestó un perfecto conocimiento de las ciencias, las artes, el tiro con arco y la equitación. Cuando cumplió dieciséis años se casó con la joven Gopa Yasodhara, con la que más tarde tendría un hijo. Todavía habían de pasar trece años antes de que ocurriera algo que a los ojos de Siddharta pudiera parecerse a los signos que su padre temía que viera.

Por fin, un día, el joven príncipe —que tenía entonces veintinueve años— quiso dirigirse a un pequeño bosque situado más allá de las murallas de la ciudad. «Me gustaría —dijo— visitar el bosque de Lumbini, en el que mi madre me trajo al mundo». Suddhodana hizo preparar un carro y apostó guerreros a lo largo de todo el trayecto a fin de que nadie se acercara al cortejo.

Fue entonces cuando en el camino, delante de ellos, apareció un anciano con el cuerpo muy deteriorado por el paso de los años que, caminando con dificultad, ofrecía a quienes le miraban el espectáculo de su decrepitud. Marcado por todas las ofensas del tiempo, el anciano avanzaba apoyándose en un bastón.

Siddharta, «el que cumple», le preguntó entonces a su sirviente Chandaka, que le acompañaba:

—¿Quién es ese hombre? ¿Qué le ha ocurrido para que ya no pueda sostenerse? ¿Qué fuerza ha podido destruir su vigor y desfigurar su rostro?

—Este hombre es un anciano y lo que ves es lo que reserva la vida a los seres que viven muchos años —le contestó su criado.

—Entonces —dijo Siddharta—, nacer es algo funesto si conduce a los hombres a esta situación.

Después de este decisivo encuentro quiso regresar a su palacio.

Cuando su padre supo qué había sucedido se acordó de los signos anunciadores e hizo doblar la guardia que acompañaba a su hijo, aunque, naturalmente, no podía detener aquello que el destino había establecido.

Al día siguiente, mientras se dirigía de nuevo hacia el pequeño bosque al que no había llegado el día anterior, el príncipe recorrió de nuevo el mismo camino. Sin embargo, le esperaba un nuevo encuentro en el lugar exacto donde se había desarrollado la escena del anciano. Esta vez vio, echado sobre su espalda, a un ser lívido que deliraba a causa de la fiebre y mostraba una respiración agitada que sacudía todo su cuerpo. Chandaka, el criado, respondió a las preguntas de su maestro diciéndole que se trataba de la enfermedad que podía afectar a todos los habitantes de la tierra sin distinción alguna.

Una vez más el príncipe dio media vuelta y volvió a Kapilavastu.

Por tercera vez quiso el príncipe recorrer de nuevo el camino, pero una visión todavía más atroz le esperaba: una persona muerta rodeada de sus parientes envueltos en lágrimas apareció ante su vista. Dirigiéndose a Chandaka, le preguntó de nuevo:

—¿Cuál es ahora la causa de esta nueva desesperación?

—Señor, acabas de descubrir la muerte —le contestó Chandaka—. Ella es la que pone fin a la vida de todos los seres. Nadie puede escapar a su acción.

Siddharta le respondió entonces:

—¿Para qué sirven en la balanza de la felicidad esas maravillas que se llaman juventud, salud y vida? ¡Mira cómo acaban! ¿Quién puede mantener ahora que la existencia no es una pesada carga?

Días después, aquel al que los tiempos llamarían *Bienaventurado* decidió, a pesar de las advertencias de su padre, salir por cuarta vez.

En esta ocasión no vio a ningún anciano, a ningún enfermo ni tampoco a la muerte, sino a un hombre que, vestido con un hábito teñido de color azafrán y la cabeza rasurada, caminaba llevando en la mano una escudilla. Era un monje. Entonces, el príncipe descubrió enseguida que en este hombre que caminaba libremente, liberado de los tentáculos del deseo, se escondía la verdad. Y su espíritu recibió la iluminación.

Cuando regresó al palacio, se encontró con un grupo de gente que mostraba gran alegría. Un sirviente se acercó hasta él diciendo: «¡Maestro, ha nacido vuestro hijo!». Sin embargo, él, ya transportado por el recuerdo de su último encuentro, balbuceó unas palabras incomprensibles a todos cuantos le rodeaban:

—Es una nueva atadura que acaba de nacer y que es necesario destruir.

Por eso lo llamó Rahula, «atadura».

LA HUIDA DEL PALACIO

Poco después, cuando entró en la habitación de su esposa, vio que esta dormía manteniendo entre sus brazos el fruto de su amor mutuo. Y se dijo a sí mismo: «¿Cuál es la primera causa del sufrimiento de los hombres y cuál es el medio para evitarla?». Comprendió entonces que era imprescindible incluso separarse de las personas a las que amaba. Salió de la habitación sin despertarlas, se dirigió después a su criado Chandaka y le ordenó: «Prepara rápidamente mi caballo y disponte a seguirme, porque ha llegado para mí la hora de romper las ataduras. Si no es posible evitar la vejez, la enfermedad ni la muerte, que sea al menos posible escapar a las vidas futuras y a los sufrimientos sin par que conducen a cada nuevo renacimiento».

Una vez en las cuadras reales, el fiel Chandaka preparó el magnífico corcel *Kanthaka*. Después, el príncipe subió a su sirviente a la grupa y espoleó a su caballo, que comenzó a cabalgar en medio de la noche. Apenas había franqueado la muralla del palacio, oyeron una voz que decía:

—¿Adónde vas, Siddharta? Regresa enseguida al sitio del que vienes porque no ha de pasar un mes antes de que te conviertas en Sakravarti, el rey más poderoso de la tierra.

—¿Quién eres tú cuya voz me habla en medio de la noche?

—Soy Mara y conozco tu grandeza y tu destino.

Entonces, el Perfecto le respondió:

—Sé que puedo ser el rey del mundo, pero ¿y tú?, ¿no eres el malvado?, ¿el tentador?, ¿el que arrastra a los hombres a la prisión del insaciable deseo y los encadena a la rueda del futuro? ¡Retírate, porque, de ahora en adelante, nada hará cambiar mi decisión!

Los fugitivos cabalgaron durante mucho tiempo, hasta que el día comenzaba a clarear y se encontraron junto a un río que fluía ante ellos:

—¿Qué río es? —preguntó el príncipe.

—Se llama Anauma, que quiere decir «sublime».

—Pues bien, dijo Siddharta, así me llamarán todos desde este momento.

Entregó entonces a Chandaka las joyas que llevaba encima y le encargó que volviera a Kapilavastu para informar a su padre de todo lo que había visto.

Le dio también su caballo y continuó en solitario el camino, que desde ese día ya no abandonaría nunca. En la otra orilla del río Anauma encontró a un mercader pobremente vestido con el que intercambió su rica vestimenta. Sin embargo, antes de darle la espada se sujetó la cabellera para cortarla y se dice que, arrojándola por los aires, pronunció estas palabras:

—¡Si estoy destinado a hallar el nirvana en esta vida, que estos cabellos se mantengan suspendidos en el vacío; de lo contrario, que caigan a mis pies!

Y su cabellera se mantuvo suspendida en el aire.

La «Gran Huida»

— Aquel cuyos sentidos están relajados igual que los caballos domados por su jinete, aquel que se ha despojado de cualquier idea propia, que está libre de cualquier deshonra, al que hasta los mismos dioses le tienen envidia.

— Vivimos en perfecta alegría, sin odio en un mundo de odio. Permanecemos entre hombres dominados por la enemistad sin sentir sus efectos.

— Vivimos en perfecta alegría, sanos entre los enfermos. Entre estos nos conservamos sanos.

— Vivimos en perfecta alegría, serenos entre los nerviosos. Entre los hombres que se alteran permanecemos sin sobresaltos.

— Vivimos en perfecta alegría, nosotros que no poseemos nada. La alegría es nuestro alimento, del mismo modo que para los dioses que reinan.

— Igual que el monje que permanece en un lugar solitario y mantiene su mente serena, y que experimenta una felicidad sobrehumana cuando contempla la ley.

LA SOLEDAD Y LA AUSTERIDAD

A partir de este momento se adentró en la soledad del bosque Uruvela para meditar sobre el origen del mundo y vivió seis años en una cueva sin que nada interrumpiera su meditación. Un día, cuando todavía había transcurrido poco tiempo, cinco ascetas que pasaban por allí descubrieron su retiro y decidieron acompañarlo. Juntos se entregaron a la más absoluta austeridad, exponiéndose a los rigores del clima, huyendo del sueño y casi sin ingerir bocado. Cuando ya habían pasado seis años, Sakyamuni, «el que hace girar la rueda de los mundos», cuya reputación se había extendido como el sonido de una campana suspendida bajo la bóveda del cielo, se dijo a sí mismo: «El ayuno no podría conducirme por el camino que busco. Mis fuerzas se pierden en una lucha estéril, es inútil obligar a la naturaleza a luchar contra sí misma. La vía de la salvación va por otro camino».

Y entró, tras pronunciar estas palabras, en las aguas del río Naranjana a fin de purificarse. Cuando salió de nuevo, una enorme fatiga se apoderó de él y tuvo que echarse junto a la orilla. Fue entonces cuando pasó Sujata, la hija de un pastor. Cuando ella vio a este monje que yacía en el suelo, se acercó hasta él y le ofreció leche y arroz. Siddharta se lo agradeció.

Entonces su mente empezó a ver con más claridad y, desde ese momento, comió de forma suficiente y recuperó su vigor y su salud. Depositó entonces en el agua que fluía vertiginosa la escudilla en la que acababa de comer y dijo: «Si mi hora ha llegado, que esta escudilla flote y remonte la corriente». Entonces la escudilla fue arrastrada hasta el centro del río y lentamente remontó la corriente. Sus compañeros, al verlo comer y renunciar al ascetismo, se apartaron de él diciendo: «Siddharta nos deja para buscar una vida más cómoda, no podemos permanecer junto a él». Y se adentraron en el bosque sin comprender que, si el objetivo es alcanzar la verdad, será más fácil que lo logre una mente bien alimentada en un cuerpo sano.

El árbol de Bodhi

Sakyamuni se alejó en soledad y dirigió sus pasos hacia Bodhimanda, el lugar de la iluminación. Por el camino encontró a un hombre cargado con una gavilla de hierba que acababa de segar allí cerca. Le pidió un poco de hierba para sí y, después, cuando estaba ante el Árbol de la Ciencia, la extendió por el suelo y se sentó sobre ella. Entonces pronunció estas palabras: «No me levantaré hasta que no haya alcanzado la suprema sabiduría. Después envolveré el mundo con el velo del conocimiento y de la ley liberadora. Haré caer la lluvia de la ley que permite obtener el nirvana final. Cortaré las ataduras del deseo y de las pasiones». Siete días permaneció sumergido en su meditación, reflexionando sobre el encadenamiento de las causas y las consecuencias de las que deriva el dolor de la existencia: de la codicia procede el apego a la existencia, de este apego procede el futuro, del futuro procede el nacimiento, del nacimiento procede la pena, la tristeza, la desesperanza, la vejez y la muerte. Pero si se suprime la principal causa, si la ignorancia es destruida, todo el edificio se derrumba y el sufrimiento desaparece.

Cuando acabó de formular este razonamiento, vio venir hacia él a Mara, el maligno, el maestro de los cinco deseos, que decía: «Un hombre que busca la salvación ha nacido en la familia de los sakyas; si la obtiene dará la inteligencia a miles de seres y dejará desierta mi morada. ¡Vayamos y acabemos con él!».

Una vez reunidos sus innumerables soldados, avanzó y vio que todos estaban dispuestos y con las armas preparadas. Sin embargo, a medida que las flechas caían sobre el Perfecto se transformaban en pétalos de flores. Al ver que su ataque resultaba inútil, Mara hizo que se desencadenara una terrible tempestad que oscureció el cielo e hizo caer la lluvia a mares sobre la tierra. Sin embargo, Siddharta se mantenía sereno ante todos estos actos.

Mara hizo entonces venir a sus hijas, Concupiscencia, Inquietud y Voluptuosidad, para que buscaran una debilidad por la que apoderarse de la mente del Santo. Sin embargo, el Iluminado marchitó su belleza, irresistible para todos los demás, con una simple mirada. Retomando sus vanas ilusiones, el enemigo le presentó, en un último esfuerzo, la enorme tarea que le esperaba si quería salvar a todos los hombres: «Si ya conoces la causa de la infelicidad humana, ¿por qué no entras inmediatamente en el nirvana?». En respuesta, Buda tocó con sus dedos el emplazamiento sobre el que había meditado y que su adversario quería quitarle. Después, poniendo en la balanza la paz eterna y la compasión que sentía hacia los hombres, optó por elegir la segunda.

El Bodhisattva examinó retrospectivamente, siete veces durante siete días, su conducta y alejó de sí cualquier otro pensamiento. Volvió a ver todas sus vidas anteriores, escrutó el misterio de la primera causa y vio que sólo la ignorancia encerraba a los seres en el error y la pena. Supo entonces que había adquirido la ciencia perfecta.

Cuando, mientras continuaba su vigilia, llegó el monzón, vio venir hacia él a la serpiente Mucalinda, que había salido de su reino invisible, y lo envolvió siete veces en sus pliegues, formando con su cabeza un capuchón para protegerlo de las aguas del diluvio.

Cuando finalizaron los cuarenta y nueve días de meditación del Bienaventurado y ya hubo contemplado las verdades esenciales, se levantó y dijo: «Que las puertas de la eternidad se abran para todos. Ahora puedo comenzar mi predicación». Después entonó su canto de la victoria:

«Buscando al constructor de la casa
he recorrido mi trayecto en el torbellino de los nacimientos sin número,
que nunca escapan a las trabas de la muerte.
El mal se repite de nacimiento en nacimiento.
Señor de la casa: ¡te veo!
Nunca me construirás una casa.
Todo tu armazón está ahora destruido,
el caballete del tejado está hecho astillas.
Se deshizo la estructura:
mi mente ha conseguido aniquilar los deseos».

La penúltima vida de Buda

Ignorado por mi pueblo, yo, el hijo del rey, fui injustamente expulsado de mi reino. Mis últimos tesoros, mi carroza y mis caballos, los di a las gentes que me los pedían y continué mi ruta a pie con mi mujer y mis dos hijos.

Cuando los niños vieron en el bosque árboles con frutos se pusieron a llorar porque deseaban alcanzarlos. Al verlos llorar, los árboles se descolgaron de sí mismos y se agacharon para ofrecérselos.

Cuando llegamos a la montaña Vanka, vivimos en medio del bosque, en una cabaña de ramas, igual que los anacoretas. Yo, la princesa Maddi y los niños nos acostumbramos a ese entorno mitigando cada uno el dolor de los demás. Yo per-

---

(continúa)

manecía en nuestra habitación vigilando a los niños mientras Maddi recogía frutos para alimentarnos. Un día se presentó un mendigo que me pidió a mis dos hijos. Sonreí, los cogí y se los di. Entonces la tierra tembló y el dios Sakka descendió del cielo disfrazado de brahmán. Me pidió a Maddi, la princesa, la virtuosa, la fiel. Entonces la tomé, le llené las manos con agua y con el corazón alegre le di mi adiós. Cuando hube entregado a Maddi, las divinidades del cielo se reunieron y la tierra tembló de nuevo. Di a Jali, mi hijo, a Kanhajina, mi hija, y a Maddi, la esposa fiel, la princesa, y no teniendo nada que atender pude obtener la dignidad de Buda.

EL SERMÓN DE BENARÉS

Cuando abandonó el Bodhimanda, el lugar de la Iluminación, Buda Gautama se dirigió a Benarés para hablar de las verdades que había alcanzado. A medida que se acercaba a la ciudad pudo reconocer a los cinco ascetas que se habían separado de él algunas semanas antes. Al verlo, acordaron, enfadados, ofrecerle una acogida fría y distante. Sin embargo, a medida que se acercaba a ellos, pudieron percibir en él aquel aspecto saludable que había recuperado tras el Gran Paso y también que había franqueado las cadenas de la existencia. Entonces se convirtieron en sus primeros discípulos.

«Ya no soy Sakyamuni —les dijo—, soy Buda, el "Iluminado".

»He concentrado mi pensamiento en un único punto y, una vez establecido, he realizado la primera meditación, que rechaza las falsas doctrinas. He conocido, tras suprimir el juicio y la acción, la segunda meditación, que libera del recuerdo. Separando la alegría de la tristeza, he llegado a la tercera meditación. Abandonándolo todo he accedido, finalmente, a la cuarta meditación, desde la que se puede contemplar la vida. Y allí he permanecido.

»Bajo el Árbol de la Ciencia, he encontrado las cuatro verdades: la verdad sobre el dolor, la verdad sobre el origen, la verdad sobre el final, y, por último, la verdad sobre la manera de suprimirlas todas. ¿Qué es el dolor, sino la vida misma acompañada de sus tormentos?, ¿qué es sino la unión con aquello que no se desea y la separación de aquello que se quiere? Todo deseo que no puede ser disfrutado engendra dolor, pero ¿cuál es la causa del dolor si no es la sed egoísta y la pasión? De estas es pues necesario separarse. Ese es el camino de la sabiduría.

»Ni las mortificaciones ni los ayunos ni los sacrificios purifican si el error no es erradicado. Las mortificaciones son dolores que minan el cuerpo y debilitan la mente. El cuerpo sin fuerzas no es más que una ruina desde la que el hombre aumenta su ceguera, igual que una lámpara sin aceite que no puede iluminar las tinieblas. La abstinencia es inútil sin la eliminación del deseo.

»Veamos ahora qué es la rueda de la ley: sus radios son las reglas de una conducta pura; la justicia es la uniformidad de su extensión; la sabiduría es su perímetro; la modestia y la reflexión son el medio en el que ha sido fijado el eje inmutable de la verdad. Únicamente el "yo" es la causa de la ilusión y del mal. Y sin embargo, no es más que una sombra sin consistencia.

»Evitad la sociedad de los imprudentes y buscad el intercambio con los sabios.

»Honrad a los que son virtuosos.

»No intentéis elevaros por encima de vuestra condición.

»Pensad en la importancia de vuestras acciones de cara a vuestro destino.

»Conservad la dignidad.

»Estudiad la ciencia de la verdad.

»Velad por vuestra familia, vuestra mujer y vuestros hijos.

»No actuéis nunca impulsados por la pasión.

»Dad limosna.

»Respetad a los demás.

»Actuad con humildad.

»Buscad el equilibrio entre las alegrías y las aflicciones sin debilidad pero sin temor».

A medida que el Sublime iba hablando, se acercaban más oyentes. Muy pronto eran más de cincuenta los que lo rodeaban, en el parque de los

Gamos de Benarés, donde se reunían al abrigo de la lluvia de los monzones. Dirigiéndose a ellos, les dijo: «Marchad a enseñar la ley. No elijáis nunca el mismo camino, a fin de que vuestra palabra pueda extenderse como lo hacen las nubes por el cielo. En cuanto a mí, me hallaréis en la soledad de Uruvela».

El retorno a Kapilavastu

Mientras Buda iba por el mundo predicando la ley, el rey Suddhodana, su padre, envejecía en su palacio, mientras seguía lamentando su ausencia. La celebridad de su hijo había llegado hasta sus oídos, aunque desde hacía ya seis años no lo había vuelto a ver. Una mañana dijo a los grandes dignatarios de su reino:

«No me gustaría morir sin haber vuelto a ver a mi hijo tan amado. Caminad hasta donde vive y decidle que mis días están contados».

Pero he aquí que estos hombres, cuando llegaron y oyeron las palabras del Perfecto, no sintieron más deseo que el de dejarlo todo para seguirlo. Tampoco ellos volvieron nunca. Suddhodana puso en marcha otros intentos, pero las embajadas se sucedían sin que pudiera nunca recibir noticias. Todas llegaban hasta el Maestro y no volvían nunca más. En el límite de la desesperación, el viejo rey puso en marcha un último recurso enviando a su fiel servidor Kaludari. Este había nacido el mismo día que Siddharta y había pasado su infancia junto a él. Sin embargo, al igual que sus predecesores, experimentó la irresistible atracción de su amigo de otros tiempos y decidió vestir el hábito religioso. No obstante, preocupado por obedecer a su señor, se dirigió a Buda y le dijo: «Ha comenzado la estación propicia a los viajes, ¡oh Bienaventurado! Allí, en el país de los sakyas, tu padre llora tu ausencia y reclama ardientemente tu regreso. Es viejo y su vida se acaba, ¿no podrías ir a visitarlo?».

Entonces, el Santo, seguido de todos cuantos le habían sido enviados por su padre, tomó el camino de Kapilavastu; en total eran unos veinte mil. Cuando llegaron a la pequeña ciudad vieron con cuánta inmensa alegría eran recibidos. Suddhodana, postrado ante su hijo, pronunció las siguientes palabras: «Cuando naciste, hijo mío, me incliné por primera vez ante ti; una segunda vez me arrodillé ante la evidencia de tu predestinación. Hoy, por tercera vez, me inclino ante tu perfección. El dolor ha desaparecido de mi corazón y recojo el fruto de tu renuncia».

Todas las mujeres del palacio, con la segunda esposa de su padre a la cabeza, vinieron a saludarlo. Únicamente Gopa Yasodhara no se presentó. A quienes le preguntaban, ella les respondía: «Si merezco alguna atención, Siddharta vendrá hasta mí». Entonces Buda se dirigió hacia ella y descubrió a una mujer todavía joven, vestida con un hábito amarillo y el cabello cortado. «Hace tiempo —le contó Suddhodana— que ella creía que habías fallecido. Sin embargo, cuando le fue revelada tu gran misión, renunció a los privilegios que correspondían a su rango, se cortó la melena y ha vivido desde entonces de una forma humilde».

Está bien —respondió simplemente el Perfecto—, ha adquirido grandes méritos.

Vio a continuación a su hijo Rahula: «Monje, tu sombra es agradable», le dijo el niño. Después, le preguntó con atrevimiento: «Dispones de parte de mi herencia, del oro que debo recibir. Lo necesitaré cuando sea el rey de los sakyas».

«No puedo darte esos tesoros perecederos, hijo —le contestó—. Sólo te provocarían angustias y preocupaciones. Temerías perderlos y desearías aumentarlos. Sin embargo, puedo ofrecerte otros bienes, si eres bastante fuerte para conservarlos. Esos no se pierden nunca».

Y a continuación le habló de la renuncia y de la ley. «Eso que dices me gusta —dijo Rahula—. Voy contigo».

Así fue como el hijo del Señor del Mundo se convirtió en uno de sus discípulos. También las mujeres que lo rodeaban le pidieron entonces compartir su vida errante, de manera que así se creó la primera comunidad femenina: también ellas lograrían hacer girar la rueda de la ley y enseñar la perfección. El requerimiento era que los hombres no mandasen sobre las mujeres ni las mujeres sobre los hombres, sino que fueran justos unos con otros.

Poco después murió Suddhodana, cargado de años y con la conciencia iluminada por aquel que el destino le había dado como hijo. Gautama hizo preparar una pira en la que depositó el cuerpo del anciano y a la que él mismo prendió fuego. Después de eso dejó, junto a sus fieles, Kapilavastu para seguir difundiendo la nueva doctrina de la salvación.

Los poderes de Buda

Hermanos, puedo mostraros mis poderes ilimitados. Siendo varios me convierto en uno; visible o invisible, puedo pasar a través de una pared o una montaña como si fuera el aire; puedo sumergirme en la tierra o emerger como si estuviera hecha de agua; puedo marchar sobre las aguas como si fueran tierra firme; puedo desplazarme por el aire como si fuera un ave; puedo tocar con mis manos el sol y la luna; dispongo en mi cuerpo de un poder que se extiende por todos los mundos. Pero, sin duda, el poder más grande que tengo es el de la enseñanza. Y debéis saberlo: sólo una generación malvada y adúltera pide señales. No soy sacerdote ni príncipe ni labrador ni nadie al que le corresponda alguna categoría. Recorro el mundo como el que sabe y el que no es nadie, y como aquel al que las cualidades humanas no contaminan. Es inútil preguntarme cómo me llamo. Ninguna huella permite seguirme.

EL SACRIFICIO DEL «YO»

En el bosque de Uruvela vivían numerosos ermitaños bajo la guía del eminente Kacyapa. En una cueva sagrada tenían una llama con la que mantenían el culto al fuego. Buda quiso ver a Kacyapa cuando pasó cerca de su retiro. Este último lo recibió y los dos pasaron una noche de vigilia ante el fuego. A medida que pasaban las horas, el ermitaño descubrió los inmensos méritos y poderes que tenía su huésped y sintió cierta envidia.

«Sakyamuni es un gran santo —pensaba él— y muy pronto, cuando comience el periodo de fiestas, el pueblo me abandonará al ver sus prodigios».

Sin embargo, el Perfecto no apareció mientras duraron las fiestas, por lo que el sabio se mostró muy sorprendido: «¿Por qué no te has dejado ver cuando la muchedumbre estaba presente?».

«Tu secreto deseo era ese», le respondió Buda. «Sakyamuni es un gran santo —pensó de nuevo Kacyapa—: ve en mi conciencia. Sin embargo no es más santo que yo».

Entonces Buda le tendió la mano: «No estás lejos de la verdad, Kacyapa —le dijo—. La ves, pero la envidia te impide recibirla. Debes saber que, si las religiones están hechas de sacrificios, este es uno, el único, el que supera a los demás: es el sacrificio del "yo", porque la sangre no purifica y es mejor obedecer las leyes de la justicia que adorar a los dioses».

43

Sariputra, el discípulo

Sariputra fue quien organizó la difusión de la doctrina de Buda. Nacido en una familia de brahmanes del reino de Magadha, se incorporó muy pronto a la vida religiosa bajo la tutela de Sanjaya, asceta escéptico que puede ser asimilado a los cínicos griegos. Siguió a Buda y muy pronto recibió la Iluminación. El budismo primitivo tomó el nombre de la Escuela de Sariputra o Antigua Escuela de la Sabiduría. Se explica que antes de hacer suya la nueva ley se reunió con el monje Assaji y le formuló esta pregunta:

—Amigo, tu expresión se muestra serena, tu tez pura y clara, ¿en nombre de qué has renunciado al mundo?, ¿quién es tu maestro?, ¿de dónde proceden las enseñanzas que profesas?

Y Assaji le respondió:

—El hijo de los sakyas ha renunciado al mundo: en su nombre he tomado la resolución de hacer lo mismo. Él es mi maestro y yo profeso su doctrina.

—¿Y qué dice tu maestro?, ¿qué enseña?

A lo que Assaji le respondió:

—Yo no soy más que un novicio y no te lo sabría explicar en toda su amplitud. Pero puedo resumírtelo: todo lo que nace también desaparece.

Sariputra exclamó finalmente:

—La doctrina será algo más que eso. ¡Tú no has llegado al estado en el que el dolor cesa, un estado que no había sido conocido en tantos miles de años de existencia del mundo!

Y Sariputra siguió, desde este día, a Buda Gautama.

HISTORIA DE DEVADATTA

En la ciudad de Rajagriha vivía un sobrino de Buda llamado Devadatta que se presentaba como su rival. Desde hacía mucho tiempo sentía un persistente odio contra el Maestro y buscaba la manera de conseguir que muriera. En primer lugar pagó a treinta arqueros para que se encargaran de matarlo con sus flechas. Sin embargo, cuando estos hombres descubrieron quién debía ser el blanco de sus flechas, arrojaron al suelo sus armas y cayeron a sus pies para adorarlo.

Cuando Devadatta supo qué había pasado, decidió llevar a cabo los planes por su cuenta. Empezó por vigilar los pasos de su adversario hasta que un día vio que se adentraba por un camino de montaña; decidió entonces apostarse en un promontorio para empujar sobre su enemigo una gran roca con la esperanza de que lo aplastara. Sin embargo, la roca se desvió y acabó partida en mil pedazos. Al día siguiente, mientras Gautama caminaba por las calles de Rajagriha, vio venir hacia él un elefante furioso al que el malvado había provocado para conseguir su objetivo. Sin embargo, poco antes de llegar hasta el Maestro, la enorme bestia se detuvo bruscamente, se arrodilló y barritó hacia los cuatro puntos cardinales como muestra de veneración.

Después de este nuevo fracaso, Devadatta reprimió su ira a la vez que reforzó el deseo de conseguir su objetivo. Hacía ya algún tiempo que, gracias a su habilidad y facilidad para componer discursos, había sabido atraer hacia su causa a un cierto número de religiosos. Consciente de los perversos efectos de su doctrina y preocupado por iluminar a los que se extraviaban, el Perfecto había enviado a su buen discípulo Sariputra a fin de que recondujera hacia el camino correcto a los hombres descarriados. Cuando se enteró, Devadatta tuvo un terrible acceso de rabia y fue directamente a reunirse con su tío. Pero cuando estuvo ante él, el suelo se abrió bajo sus pasos y, lentamente, a fin de que todos pudieran ver el castigo, se hundió en la tierra hasta llegar a la región infernal del Avitchi.

LA MUERTE DE BUDA

Ya habían pasado bastantes años desde que el Maestro había sentido la Iluminación y la vejez estaba cada vez más cerca. Ya había cumplido ochenta años y sabía que pronto dejaría esta tierra para realizar el Gran Viaje, además de conocer dónde y cuándo. «Esta es la última estación lluviosa que pasaré con vosotros —dijo un día—. Dejad que realice mi postrero retiro a fin de preparar las últimas instrucciones para vosotros».

Sin embargo, todavía pasaron tres meses antes de que ordenara a su discípulo Ananda que reuniera a todos los monjes de los alrededores. Cuando ya habían llegado todos se situó entre ellos y les dijo:

«Dentro de poco tiempo os abandonaré, amigos míos. Ya está preparado para mí el lugar de mi acogida. Vosotros que os quedáis aquí practicad, enseñad la ley y la verdad. Continuad mi obra.

»Acordaros de aquel hombre que salía de su baño matinal: acababa de caminar sobre una cuerda mojada que había tomado por una serpiente. Su cara se mostraba sonriente pero pálida porque había sentido un miedo atroz.

»Sin embargo, al reconocer su error había sonreído. Se parecía al que teme el dolor, la enfermedad, la vejez y la muerte, porque también su ignorancia había sido la causa de sus temores. Sin embargo, cuando conoció la ley y la verdad, los superó. La noche sólo es larga para el insensato que teme a la oscuridad».

Buda dejó de hablar, tomó su escudilla y realizó su última colecta. Después se alejó en dirección a la montaña. Avanzando lentamente durante días sembró en cada ciudad por donde pasó la simiente de su doctrina. Así llegó a la ciudad de Kucinagara, aunque no atravesó sus murallas. Llamó a su discípulo preferido y le dijo: «Ananda, estoy preparado para morir, no te entristezcas. Morir está en la naturaleza de todas las cosas, tanto de las que nos gustan como de las que nos hieren. Todo lo que ha sido concebido, todo lo que ha nacido lleva en sí el germen de la muerte. Estoy cansado, parémonos. ¿Ves este lugar rodeado por tres lados por un río? Me gusta. Ve hacia esos dos mangos y prepara entre ellos un lecho. Mis pies se apoyarán en uno y mi cabeza reposará en el otro. Aquí entraré en el Gran Reposo».

Después, se echó entre los dos árboles y su cuerpo empezó a brillar tanto como mil soles. Todavía dijo: «¿Qué bien puede hacerte ver este cuerpo impuro? El que ve la ley me ve a mí. El que me ve a mí ve la ley. Todos cuantos me amáis acordaros de lo que os he enseñado: todo lo que nace muere. Esforzaros para llegar a la salvación».

Entonces, entró en el nirvana. Enseguida los dos árboles se cubrieron de flores cuyos pétalos, abriéndose, descendieron hasta aquel que, por elevaciones sucesivas, de éxtasis en éxtasis, acababa de llegar al corazón del conocimiento.

El paso de la vida a la muerte

Cuando la respiración está a punto de pararse, es necesario pronunciar estas palabras: «Oh, excelso hijo, ha llegado para ti el momento de buscar el sendero. Tu aliento va a cesar. Tu gurú te ha situado frente a la clara luz y ahora vas a conocerla en su propia realidad, en el estado del Bardo donde todas las cosas son como el cielo vacío sin nubes, donde la inteligencia desnuda es como una vacuidad transparente sin circunferencia ni centro. En este momento, conócete a ti mismo y permanece en ese estado».

Habiendo dicho esto, es necesario repetirlo muchas veces al oído del moribundo, antes de que cese su respiración para que se grabe en su memoria.

Cuando su respiración está a punto de pararse, es necesario apoyarlo sobre su costado derecho en la posición que

---

(continúa)

se llama del *león acostado*. El latido de las arterias debe ser comprimido. [...] Así, la fuerza vital no podrá volver al nervio mediano y se irá por la abertura brahmánica. Es ahora cuando debe hacerse la confrontación real.

El intervalo entre el cese de la inspiración y la expiración es aquel durante el que la fuerza vital permanece en el nervio mediano. Se dice generalmente que se ha perdido el conocimiento. La duración de este estado es incierta. Entre aquellos que han llevado una mala vida no dura más que el chasquido de los dedos. Entre los demás puede durar el tiempo de tomarse una comida.

Si el moribundo es capaz de reconocer por sí mismo los síntomas de la muerte, es que ha debido servirse de este conocimiento con anterioridad. Si es incapaz, un gurú con el que esté muy unido debe permanecer muy cerca de él y grabar en su memoria estos síntomas en el mismo orden y repetirle: «Ahora llega el momento en el que la tierra se hunde en el agua».

Cuando ya se han presentado todos los síntomas es necesario decirle en voz baja: «Oh, excelso hijo, aquello que llamamos muerte ha venido a por ti. Toma esta resolución y piensa: "Esta es la hora de mi muerte. Trabajaré por el bien de todos los seres conscientes a fin de obtener el estado perfecto de Buda"». Después, todavía es necesario decirle: «Dirige tus pensamientos, aprende a reconocer que estás en este estado y toma la resolución de obtener el mayor provecho. Manteniendo viva esta resolución, intentarás acordarte de las prácticas de devoción que practicabas mientras estabas vivo».

Cuando la respiración ha cesado por completo, debe presionarse con fuerza el nervio del sueño diciendo con convencimiento:

«Entras ahora en la clara luz fundamental. Procura permanecer en ese estado que experimentas en ese momento. Tu inteligencia, que está vacía de su propia vida, no debe ser

(continúa)

vista como vacía de la nada, sino como la inteligencia misma, no obstaculizada, brillante y feliz. Es la consciencia misma: el Buda universalmente bueno.

»Tu propia conciencia, brillante, vacía e inseparable del gran cuerpo de esplendor, no tiene ni nacimiento ni muerte: es la inmutable luz de Amitabha Buda».

Debe repetirse claramente de tres a siete veces para recordarle a la memoria del moribundo la enseñanza entregada durante su vida por el gurú. En segundo lugar, se le hará reconocer la consciencia desnuda tal como es la clara luz. En tercer lugar, el moribundo, reconociendo su propia esencia, se unirá de manera permanente al Dharmakaya y la liberación será segura.

Bardo Thodol ('Libro tibetano de los muertos')

La doctrina predicada
por Buda

*«Partiré hacia el inmóvil, el inquebrantable,
aquel que a nada se parece».*
Buda

Los vehículos del camino

Al igual que las corrientes sivaítas o vishnuitas, el budismo no es más que una forma de hinduismo. Refleja todas las variantes y, según las épocas, se puede distinguir el predominio del ascetismo, de la devoción —bhakti— o de una enseñanza iniciáti- ca. Estas interpretaciones de la doctrina primitiva han dado origen a las tres grandes escuelas conoci- das. A saber: la hinayana o «pequeño vehículo»; la mahayana o «gran vehículo», y la corriente tántrica o «vehículo de las fórmulas mágicas». El término *yana* significa, hablando con propiedad, «camino». Cada categoría representa, pues, un camino para alcanzar la salvación y conseguir la liberación de la transmigración o «cadena de renacimientos».

El hinayana es exclusivamente monástico, asceta y filosófico. Se dice que Nanda, el discípulo preferido de Buda, reunió los sermones del maestro, que Upali consignó los diferentes artículos de la disciplina y que Kacyapa se encargó de exponer la doctrina. El canon está dividido en tres «cestas». La primera reúne las prescripciones que se refieren a la vida de los monjes: confesión pública de los pecados, análisis de los mismos y consejos referidos a las obligaciones cotidianas. La segunda es la de las predicaciones de Buda y se presenta en forma de cinco recopilaciones. La tercera contiene la exposición y sus diversos desarrollos, todo reunido en siete obras.

El mahayana, que tiene más seguidores entre los religiosos que entre los seglares, analiza la cualidad de Buda a través de la ciencia y la caridad. Su aparición data de principios de nuestra era. Se ha impuesto sobre todo en China y Japón.

Sus seguidores afirman que una parte de la doctrina, que ha permanecido oculta y destinada a la multitud todavía incapaz de recibirla, puede hoy día ser revelada.

Se ha elaborado una nueva ética que proclama que el fin supremo no es únicamente escapar uno mismo del ciclo de los renacimientos, sino ayudar a los semejantes a conseguirlo al mismo tiempo. El ideal no consiste tanto, como en el hinayana, en una búsqueda egoísta de la liberación, sino, a

semejanza del maestro, en compartir este esfuerzo en comunión con toda la humanidad. Se trata,
en adelante, de llegar a la omnisciencia y a la sabiduría para arrastrar por compasión a las multitu-
des todavía cegadas por la ilusión. A los hombres
inflamados por este amor se les da el nombre de
Bodhisattva.

La secta más importante del mahayana, mad-
hyamika, proclama la herencia de la enseñanza
del gran filósofo Nagarjuna, que vivió hacia el comienzo del siglo II d. de C. Este último desarrolló
la teoría de la vacuidad: ni nacimiento ni muerte,
ni unidad ni pluralidad. Todo es ilusión. Pero si lo
vacío no es ni el ser ni el no ser, es, sin embargo,
la nada. Y es su conocimiento perfecto el que asegura el nirvana.

Después de Nagarjuna, conviene citar a Asanga,
que vivió en la segunda mitad del siglo V. También
este presentó el mundo como ilusorio, pero siendo
de hecho el producto de nuestra conciencia. Preco-
nizó la concentración para llegar a lo absoluto.

Los mahayanistas interpretan el relativismo de
Nagarjuna y el idealismo de Asanga como la segunda y la tercera vuelta de la rueda de la ley. La
primera fue ejecutada por el mismo Buda. Estos
sistemas son, pues, considerados como desarrollos
posteriores del mundo de la enseñanza original,
sobrevenidos, cada uno en su época, en función
de la evolución del mundo.

En cuanto al budismo tántrico, cuya presencia ha quedado testimoniada en el siglo VII en el Tíbet y en Mongolia, es considerado como el único auténtico por sus seguidores, que practican la búsqueda de la liberación por medio de los ritos teúrgicos y la magia.

Las obras denominadas *Tantra* comenzaron a aparecer en la India hacia el siglo VI. Estaban menos orientadas a dar una explicación teórica del mundo que a describir los procedimientos mágicos que permitían alcanzar objetivos sobrenaturales. Se atribuye gran importancia a los mantras, fórmulas sagradas cuya recitación abre las puertas del conocimiento y de los poderes. El contenido de estos libros es el que impregna esta forma tan especial de budismo.

Por lo demás, estas tres escuelas —divididas a su vez en numerosas sectas— utilizan los mismos símbolos, si bien cada una desarrolla sus particulares tesis. Todas, sin embargo, utilizan un cierto nihilismo y pueden resumirse en la palabra *vacuidad*. Si la idea de un dios soberano parece extraña para sus genuinos representantes, la masa de «creyentes» manifiesta, por el contrario, una devoción muy especial por la naturaleza humana de Sakyamuni.

Fundamentalmente, en el budismo no hay dioses, únicamente santos «ahrats». Estos, omniscientes, todopoderosos y liberados del tiempo y del mundo de las formas, componen la larga fila de Budas, estado final al que la humanidad entera está convocada. Y si la calma completa del alma del hinayana sustituye poco a poco el ideal de compasión del mahayana, la noción de nirvana, el reposo perfecto en el incognoscible, no se ha perdido nunca de vista.

El monje Asanga

Asanga vivió durante la primera mitad del siglo v d. de C. Nacido en Gandhara, Purushapura (actualmente Peshawar), pasó la mayor parte de su vida en un convento de la ciudad de Ayodhya (actual Oudh). Fue un importante representante del «pequeño vehículo». La leyenda nos cuenta que, por intermediación de sus poderes extraordinarios, llegó a elevarse hasta el cielo Tushita, residencia del Buda futuro, Maitreya (el que debe volver al final del ciclo actual de la humanidad a fin de alcanzar la salvación). Al término de su encuentro, Maitreya aceptó descender cada noche a la tierra durante cuatro meses y recitar los textos sagrados, de los que Abanga pasó a ser el transcriptor.

LOS PRINCIPIOS GENERALES

Estos principios son dos.

• El primero habla de que toda criatura animada —la metempsicosis budista, a diferencia de la jainista, excluye los mundos mineral y vegetal—

soporta en su existencia futura el castigo por sus malas acciones o recibe la recompensa por sus buenas obras. Es la retribución de las acciones. Los seres transmigran, tras su origen, desde la cima del paraíso hasta los abismos infernales o en sentido inverso, dado que la evolución es descendente o ascendente según esas mismas acciones. Para escapar a la transmigración es necesario seguir la vía preparada por Buda y renunciar al deseo que atenaza a los que se entregan a la vida y provoca su renacimiento: esa existencia es la última.

• El segundo habla de la no permanencia del «yo», del ego; de su no-sustancialidad; de su naturaleza pasajera e ilusoria. Noción contradictoria según la razón, porque si el «yo» se disuelve al morir, ¿cómo se puede hablar de reencarnación? Sólo un «yo» que sobreviviera podría volver en otro cuerpo para degustar el fruto de su sabiduría o pagar sus torpezas. «Pero ¿quién podría volver si el «yo» estuviera muerto?

De hecho, la verdadera cuestión es saber si las contradicciones tienen el alcance que parecen tener. Dado que eso ocurre a menudo, Buda utilizó una ingeniosa comparación: un día que descansaba en Kosambi, en un bosque de Sinsapa, puso en su mano algunas hojas recogidas de los árboles y dijo a los monjes que le acompañaban:

—¿Dónde hay más hojas: en mis manos o en este bosque?

—Las que tienes en tus manos son pocas, Maestro, comparadas con las que hay en este bosque.

—Exactamente, monjes, es mucho más aquello que he descubierto y no os he enseñado que lo poco que os he explicado. ¿Y por qué no lo he hecho? Porque no aporta ningún beneficio, no sirve para ningún reconocimiento, no conduce al destino ni a la destrucción de las pasiones, tampoco a lograr la paz, el saber, la iluminación o el nirvana. Eso tampoco os lo he explicado. ¿Qué os he explicado pues? El dolor, su origen, el camino que se aleja: esto es lo que os he enseñado. ¿Y por qué?, porque resulta útil para la liberación final.

En realidad, el budismo primitivo, aquel que precedió a las numerosas glosas nacidas con el paso del tiempo, se presenta como un camino único hacia la liberación. No busca ninguna otra cosa, se reduce a una sencilla práctica que huye de cualquier especulación. «No me gusta la especulación —repetía Buda—, el primer deber de un monje es la concordia, es decir, evitar cualquier discusión. Todo el que tiene una opinión choca con las opiniones diferentes de otros. Y eso es malo». Y además proclamaba: «Vamos, monje, la doctrina de la salvación te ha sido explicada, practica la renuncia y pon punto final a tu salvación. ¡Aleja el juego del lenguaje, distingue entre las nociones que se oponen aquellas que sirven a los hombres y aquellas que le perjudican! El resto no te interesa».

La no permanencia del «yo»

En cada instante, todo muere y todo renace. El ego no es más que un agregado temporal. Cualquier forma es irreal. Toda sensación y todo pensamiento son transitorios, inestables y están en permanente cambio. De la misma manera, aquello que llamamos *personalidad* no es más que un compuesto fugaz que desaparece en el mismo instante en que cesa la vida.

El agua del río fluye incesantemente, pero nunca es la misma. La espuma de sus remolinos tan pronto desaparece como cambia, nunca permanece. En esta vida, así son los hombres y sus moradas.

Los hombres no saben ni de dónde vienen ni a dónde van cuando nacen y cuando mueren. ¿Qué saben?, ¿se dan cuenta únicamente, durante su breve paso por la tierra, de para qué pueden servir sus esfuerzos y sus agitaciones?, ¿saben distinguir solamente qué podría darles la felicidad?, ¿la incertidumbre y la inestabilidad son su patrimonio: del maestro o de su morada, cuál es un cambio mayor? No sabría decirlo: hombres y cosas pasan por igual.

«Todos los fenómenos de la conciencia del sí —proclama Nagarjuna— pertenecen a la ilusión. Ideas, sentimientos, emociones, recuerdos: nada de eso existe realmente, desaparece tan rápido como una columna de humo empujada por el viento. Por eso es necesario distinguir dos tipos de verdad: la absoluta y la relativa. Aquellos que no realizan esta distinción no comprenden el misterio del ser. Son como aquel mago poco hábil que se enreda en sus propios conjuros y no ve, detrás de la fluctuación de las apariencias, la inalterable realidad».

EL ENCADENAMIENTO
DE LAS CAUSAS Y LOS EFECTOS

En los textos antiguos está escrito:

— de la ignorancia proceden las formaciones;
— de las formaciones proviene el conocimiento;
— del conocimiento, el nombre y la forma;
— de los nombres y las formas proceden los seis dominios;
— de los seis dominios procede el contacto entre los sentidos y los objetos; del contacto, la sensación; de la sensación, la sed que es el deseo; de la sed del deseo procede el apego; del apego proviene la existencia;
— de la existencia procede el nacimiento;
— del nacimiento procede la vejez y la muerte, el sufrimiento, la tristeza y la desesperanza.

Ese es el origen del imperio del dolor. Pero cuando la ignorancia la elimina el aniquilamiento del deseo, se produce la supresión de las formaciones:

— por la supresión de las formaciones es suprimido el conocimiento; por la supresión del conocimiento desaparecen el nombre y la forma; por la supresión de los nombres y las formas se desvanecen los seis dominios; por la supresión de los seis dominios se aleja el contacto entre los sentidos y los objetos; por la supresión del contacto desaparece la sensación;

— por la supresión de la sensación desaparece la sed de deseo;

— por la supresión de la sed de deseo se derrumba el apego a la existencia;

— por la supresión del apego a la existencia, esta queda destruida;

— por la supresión de la existencia se borra el nacimiento;

— por la supresión del nacimiento se retiran la vejez y la muerte, las lamentaciones y el sufrimiento, el dolor, la preocupación y la desesperanza.

Así se produce la supresión del imperio del dolor. Y así es la ley que encadena el efecto a la causa en los mundos conocidos y desconocidos.

La compasión

Hago mías, en mi propio cuerpo, las acciones de las criaturas en los infiernos, en otras tierras y en las moradas de castigo: ¡las criaturas pueden transmigrar hacia destinos felices!

Acepto ese sufrimiento, me conformo, lo soporto, no me escondo, no retrocedo, no tiemblo, no me estremezco, no tengo miedo, no doy marcha atrás, no me hundo. ¿Y por qué? Es necesario que arrastre la pesada carga de todos los seres. No es para mí un plato de buen gusto, porque el compromiso que he adquirido es el de salvar, liberar a todos los seres, salvar a todos cuantos viven: debo lograr que todos recorran

---

(continúa)

el bosque del nacimiento, de la vejez, de la enfermedad, de la muerte y del renacimiento, de todas las calamidades, de los lugares tormentosos, de la transmigración, de la herejía, de la destrucción de las obras piadosas y de la ignorancia. No pienso únicamente en liberarme de la existencia; el fin de mi actividad es instalar a todos los seres vivos en el reino del saber sublime de los Budas. También acepto el dolor de todos los seres; estoy decidido a soportar en todos los lugares de tormento de todos los universos todos los sufrimientos. Quiero permanecer en cada uno de esos innumerables infiernos siglos sin fin. Pero, ¿por qué? Es mejor que sufra yo solo que no toda la multitud de criaturas. Me ofrezco en intercambio; redimo al universo de este bosque del infierno, de la matriz animal, del reino de Yama. Yo puedo, con este cuerpo, soportar la montaña de todas las sensaciones en beneficio de todas las criaturas. Pero ¿por qué? Porque ha sido para esas criaturas para las que he concebido la idea de conquistar la omnisciencia, ha sido para liberar al mundo.

LA IGNORANCIA

Buda dijo un día a su discípulo Sariputra: «Las cosas no existen de la manera que creen, en su apego a ellas, los hombres ordinarios e ignorantes».

Sariputra le preguntó:

—Entonces, señor, ¿cómo existen?

—Existen, pero no están. Sin embargo, los ignorantes que no han recibido la enseñanza se apegan a ellas. Todas las cosas son representadas como si existieran, pero en realidad ninguna existe realmente. Lo que hace parecer que los seres y las cosas están se encuentra en la naturaleza de la ilusión.

»No conocer el dolor, no conocer el origen del dolor, no conocer el cese del dolor, no conocer el camino que conduce al cese del dolor: eso es lo que llamamos *ignorancia*. He percibido el largo camino que conduce de un nacimiento a otro sin ver las cuatro santas verdades tal como son. Ahora las he visto: el torrente de la existencia se ha detenido. La raíz del dolor ha sido destruida. En lo sucesivo no habrá más renacimientos.

»Sólo la ilusión oculta al hombre la realidad. Aquello que se conoce como placer o felicidad no es más que mentira. Las sensaciones, las representaciones, todos los hechos que constituyen la vida interior y exterior fluyen con el agua de un río. En el centro de esta multiplicidad cambiante se sitúa el conocimiento, al igual que el rey lo hace en su castillo».

LA RETRIBUCIÓN DE LAS ACCIONES

Se trata de la primera verdad enseñada por Sakyamuni —el sabio de la casa de los sakyas— y la piedra angular de toda su enseñanza. Esto no es noticia. En efecto, se encuentra en numerosos sistemas filosóficos indios. Pero quizá Sakyamuni depuró su formulación. Se considera que esta concepción proporciona una explicación sobre las diversas condiciones sociales y los caracteres, es decir, sobre lo que se acostumbra a definir como desigualdades. Todos los fracasos y todos los éxitos de la existencia son el resultado de las obras acumuladas a lo largo de las vidas anteriores. El ser viene al mundo y manifiesta tal o cual disposición, tal o cual laguna, porque es el resultado directo de sus acciones anteriores. La manera en que cada uno utilice este nuevo bagaje prepara su nuevo paso por la tierra.

Es la ley de la retribución, el karma, la rueda de las existencias. Los buenos serán recompensados, los malos serán castigados. Nada queda al margen de este juicio por lo que la fuerza de las acciones empuja a los muertos hacia matrices animales o hacia renacimientos de mayor alcurnia. De no ser así, el alma, dominada por la impresión de los deseos, determinada por las finalidades que la atraen en el momento de dejar el cuerpo, organizaría por sí misma el destino para volver de nuevo.

Esa es el alma que el rey Payasi buscaba haciendo disecar a los condenados, emparedándolos a fin de que aquella no pudiera encontrar un lugar por donde escapar o incluso practicando un hábil pesaje de los cuerpos vivos y de los cadáveres a fin de analizar las variaciones de peso… No existen jueces ni creadores para los verdaderos budistas: solamente una justicia impersonal e inefable frente a la que nada puede ser disimulado y en la que nada puede influir.

Renacimientos mejores según los méritos o malos, que pueden llegar a ser incluso hasta atroces, según los deméritos acumulados.

Sin embargo, de alguna manera, la felicidad perfecta se muestra incompatible con la idea de retorno, ya que todo lo que sucede es doloroso. La inteligencia, la consciencia, el «yo mismo», las facultades por las que se identifica el ser no son más que fundas que envuelven el alma y la transforman en un cuerpo sutil pero mortal que emigra hacia nuevas formas transitorias. Importa entonces buscar la inmortalidad en el abandono de las existencias:

«Hay, ¡oh monjes!, un no nacido, un no devenido, un no hecho, un no causado. Si no hubiera un no nacido, un no devenido, un no hecho, un no causado, no habría refugio para lo que nace, deviene, se hace, es causado.

»Este estado inmutable es el nirvana. El camino que conduce hasta él consiste en suprimir el deseo, la "sed", es decir, en implicarse en el comportamiento puro que es renuncia, en el de la existencia y en el de la no existencia, en el deseo de vivir y en el de aniquilar. Solamente ahí se encuentra la llave del edificio budista, el único principio al que todo debe devolverse. Eso es lo que recibe el nombre de la *Buena Ley*».

LA VÍA DEL MEDIO

«Mi doctrina marca un camino entre otros dos. A un hombre que se pregunte si el mío no es más que un agregado de elementos inestables y a otro que crea en la existencia de un ser permanente, el Buda les responde: "Condeno las opiniones contradictorias: estas cuestiones no deben ser planteadas. ¡No sabéis nada sobre si existe o no un yo!"».

Mediante estas palabras, Buda descarta todo aquello que no es útil a la liberación. Toda hipótesis antinómica es negativa: el mundo es eterno o no lo es; el alma y el cuerpo son idénticos o diferentes; el santo existe en el nirvana o no existe. Es incompatible con la renuncia y la salvación. En cualquier opción que uno se detenga, la eternidad o la nada, no se evita el nacimiento, y por ello el renacimiento, y con ambos la vejez, el sufrimiento y la muerte, seguidos de otras muertes. La discusión es inútil, aleja de la paz interior y de la luz que esta confiere.

A un ermitaño que le preguntaba sobre estas cosas y le reprochaba que no daba explicaciones, Gautama le respondía: «¿Te he dicho: conviértete en mi discípulo y te explicaré estos misterios? O bien: ¿Me has planteado esta cuestión antes de aceptar mi ley? A aquel que diga "Yo no practico la renuncia bajo la ley del Bienaventurado antes de que este me haya explicado si el mundo es eterno, si el nirvana es existencia", no se le explicará y morirá.

»Igual que un cazador que ha sido herido por una flecha; sus compañeros llaman al médico, pero el herido no quiere que se le retire el dardo hasta no saber la casta, el nombre, la talla y la procedencia de quien lo ha herido, y cómo han sido hechos el arco y la flecha… El desgraciado no llegará nunca a saberlo, antes morirá».

Por ello toda respuesta es necesariamente mala. Arrastra hacia una creencia, pero es más allá de la creencia o la no creencia hasta donde hay que ir. El único camino es la supresión de las ideas y de las intenciones. Sólo alcanzan el nirvana aquellos que no lo saben, porque el que desea conocer está todavía prisionero en las lianas de esta sed y por eso no consigue el desapego necesario. Sólo se puede vivir y meditar convenientemente siguiendo la Vía del Medio y evitando el rompiente de los extremos.

«La tigresa —enseña el Buda— lleva a sus pequeños en su boca apretando lo justo sus mandíbulas para que no se le caigan, pero no demasiado para no herirlos.

»Igual que niego el "yo" a fin de que algunos no caigan en el error de la eternidad, afirmo la transmigración por miedo a que otros sucumban a la idea de la aniquilación. ¿Quién renunciaría al deseo malvado si no creyera en otra vida?, ¿quién renunciaría a todo deseo si creyera en la permanencia del alma? Sólo la doctrina del vacío puede salvar. Es parecida a la serpiente que el encantador utiliza para que coja la gema que él lleva en su collar; sin embargo, por su torpeza, es herido de muerte».

El Buda es un médico y la Buena Ley, su terapia. Su palabra no es ni una explicación ni un sistema especulativo, es un vehículo de salvación, una disciplina que puede contener principios antinómicos que tienen, simplemente, valor a título de ejemplo.

LA TRANSMIGRACIÓN

El budismo obtiene del yoga su concepción de la trasmigración, igual que la del fruto y las acciones. Esta creencia es muy anterior al nacimiento de Siddharta. Hacia el torbellino de la generación son arrastrados no solamente los hombres y las criaturas animadas, sino también los demonios y los dioses. Las acciones son el motor de todos los destinos. Y es el destino el que, colectivamente, reorganiza el mundo después de cada periodo de caos, después de cada Kalpa.

La vida entera que recorremos —nuestros pensamientos, pasiones, sensaciones, ser físico— es el resultado de antiguas voluntades. Cada uno vive y actúa para sí y se siente absolutamente responsable de lo que ha dicho, hecho u omitido tanto en el decir como en el hacer. Nadie puede hacer nada para el otro. El que acaba de morir se encuentra sin amigos que lo defiendan, sin intercesores; sólo lo acompañan sus acciones, que hablan por él o contra él.

La muerte no es más que una crisis de la historia personal. Aparece cuando se agota la porción de vida que una ley misteriosa ha asignado a cada individuo, en un determinado mundo y en unas condiciones concretas, para la realización de un cierto número de acciones. La muerte sólo marca el momento en el que debe comenzar, en otras situaciones, la realización de nuevas acciones.

El último pensamiento del moribundo irá seguido del primero en otra vida, la cual buscará una nueva matriz para encarnarse y organizar un nuevo complejo orgánico de hombre o de animal. O bien, si es puro, un cuerpo glorioso en una esfera superior, sin la intervención de padres. A menos que el espíritu, desprovisto de cualquier deseo, se haya emancipado definidamente y después de ser desencarnado escape a la reencarnación. En esta perspectiva, el universo entero aparece como un proceso de causas segundas que se engendran unas a otras desde la eternidad y para la eternidad.

Falta decir, como ya hemos remarcado, que si el canon del budismo afirma la acción y el fruto, niega, en cambio, al agente y al «derrochador del fruto». Algunos explican que el hombre desaparece y con él lo hace también su pensamiento, sus sentimientos y todo lo que ha realizado como individuo.

Sin embargo, sus acciones permanecen y son ellas las que perduran en otro cuerpo. Cualquier traza individual desaparece, pero las acciones permanecen, impresas como una fuerza independiente de la que el autor no habrá sido más que la expresión momentánea. Aquel que recibe los frutos de la acción en una cierta existencia no es el que los ha producido en una vida anterior, pero tampoco es otro. Sobre ello, un autor europeo no dudó en escribir: «Lo que transmigra no es la persona, es el carácter» (*On the Transmigration,* Gogerly, 1838). El budismo, como todos los demás sistemas, también soporta dificultades insolubles.

La libertad en la vacuidad

Todas las cosas están basadas en lo que no es, en lo no fundado, es decir, en la vacuidad. Cuando una cosa ha sido fundada se encuentra sometida al principio de la relatividad. No estar establecido en ninguna parte, es decir, carecer de bases, es ser libre, no tener ataduras: eso es la vacuidad. La vida en la vacuidad equivale al cese de cualquier discriminación, esto es, que el sol puede calentar a los malvados igual que a los bondadosos y la lluvia cae sobre los injustos igual que sobre los justos. Entonces reina la verdadera paz, aquella que Buda convirtió en la finalidad de su existencia.

Aquel que vive el desapego del placer, del deseo, de las aficiones, de la sed, de la concupiscencia, aquel sí que está vacío. En él permanece el ser superior. Carece de intención y de inclinación. El vacío indica un modo de experiencia liberado del «yo», es decir, desligado de cualquier vinculación.

Ahí se encuentra la calma, el culmen supremo, el fin de cualquier formación, de todo nacimiento: la extinción. Frente al mundo, el liberado carece de percepción del mundo. Frente al otro mundo, carece de percepción del otro mundo. Y sin embargo, posee eminentemente la percepción.

La vacuidad, el vacío, el no «yo», representan el límite extremo de la experiencia ascética. En tanto que existe el vínculo de un «yo», todas las cosas hablan de mí. Pero desde el momento en que se apaga, el silencio se instala: el de la vacuidad. Entonces, todos los objetos y estados son impensables, imponderables, no mensurables, no enumerables —todos los objetos y los estados de la Iluminación—, porque la inteligencia alcanza el reposo. De este modo, el conocimiento perfecto no coge ni deja ningún objeto. Los objetos no vienen ni van, son parecidos al espacio y se resuelven en el vacío.

A estas alturas, toda forma, estado, fenómeno o elemento se presenta libre y vacío. Permanecer en la vida es permanecer en la Iluminación perfecta: allí se encuentra Buda. «Si alguien dice que el Despierto va o viene, se detiene, se sienta o se echa es que no ha entendido la significación de mi enseñanza. ¿Por qué? Porque la palabra *Iluminado* dice que no va a ninguna parte y por esa razón es llamado el Despierto, el Santo, el Perfecto, el Iluminado. No has de buscar la liberación, porque no hay época a la que hayas sido vinculado. [...] La forma es el vacío y el vacío es la forma. El vacío no es diferente de la forma y la forma no es diferente del vacío. Por eso todos los seres tienen características del vacío: no tienen ni comienzo ni final, son perfectos y son no perfectos».

En el vacío no hay sensaciones, ideas, voluntad, consciencia. En el vacío no hay ojos, orejas, nariz, lengua, cuerpo ni espíritu. En el vacío no hay colores, sonidos, olores, sabores, contactos ni elementos. En el vacío no hay ignorancia, conocimiento ni tampoco cesación de la ignorancia. En el vacío no hay dolor, miseria, obstáculo ni camino. No hay vejez ni muerte. En el vacío no hay conocimiento ni obtención del conocimiento.

La parábola del carro

El discípulo Nagasena utiliza el símbolo del carro para enseñar la irrealidad de lo que ha sido llamado la *individualidad*, también llamada el «yo». El carro representa el vehículo físico y psíquico. Los corceles son los sentidos; las riendas, los órganos con los que son guiados; la mente es el cochero y, finalmente, el espíritu, nombrado aquí el rey —el ser real—, representa al verdadero dueño del carro, a la vez pasajero y propietario, el único que conoce el destino.

Si los caballos disponen de la libertad de correr al azar, asistidos únicamente por la mente, el equipaje se extravía. Frenados o guiados por la mente, de acuerdo con el rey, consiguen alcanzar el objetivo. Los textos budistas destacan mucho el hecho de que todo lo que compone el carro —dicho de otro modo, el cuerpo y el alma— está desprovisto de realidad esencial. Nada o casi nada ha sido dicho a favor o en contra de la imperceptible presencia, en el vehículo compuesto, de un ser eterno distinto de él e idéntico en todos los demás vehículos. Se trata de hecho de la ley, la verdadera maestra, y mientras los carros del rey envejecen, la ley eterna de la existencia no envejece nunca.

LAS CUATRO JHANA O CONTEMPLACIONES

Primera jhana: de la misma forma que quien va a bañarse pone, si tiene experiencia, el jabón en polvo en la bañera, lo mezcla y lo disuelve hasta que el agua está saturada, también el asceta se compenetra e impregna, llena y satura su cuerpo con la serenidad, nacida del desapego, de manera que no queda ninguna parte que no esté saturada de esa serenidad.

Segunda jhana: igual que un lago en el que no desemboca ningún riachuelo ni descarga ninguna nube y es únicamente alimentado por una fuente subterránea que aflora por el fondo, se compenetra, impregna, llena y satura de manera que no queda ninguna parte del lago, por mínima que sea, sin rebosar de agua, también el asceta llena su cuerpo con una calma interior, con un fervor y una beatitud nacida del recogimiento.

Tercera jhana: igual que en un lago cubierto por plantas de loto algunas se entreabren en el agua, se desarrollan, permanecen bajo la superficie y obtienen su alimento del fondo, y en ellas las flores y las raíces están compenetradas y saturadas de agua fresca, también el asceta se compenetra, impregna, llena y satura su cuerpo de felicidad purificada, de manera que ni la más pequeña parcela queda sin saturar.

Cuarta jhana: de la misma forma que un hombre se envuelve de la cabeza a los pies con una capa blanca, de manera que ni la más pequeña parte de su cuerpo queda sin cubrir, también el asceta se sienta y envuelve su cuerpo con un velo que dé la mayor estabilidad, la máxima pureza y la máxima luz a su carácter, de manera que hasta la más pequeña parte de este quede cubierta con el velo de la mayor estabilidad de carácter, de la máxima pureza e iluminación.

Así son franqueadas las cuatro contemplaciones que conducen al Despierto, de manera que el Santo se encuentra trasladado al límite extremo de su individualidad. «Entonces —dice Buda—, de la misma forma que la tierra sobre la que se arroja lo puro y lo impuro, el excremento y la orina, el moco, la podredumbre y la sangre, no se queja, no se entristece y no se altera nunca, tu también te entregarás a la ascesis, y tu espíritu, agradable o desagradablemente alcanzado, no se quejará nunca».

El nirvana no es el paraíso

«Igual que el inmenso mar, ¡oh monjes!, sólo tiene un sabor, el de la sal, también la doctrina no es más que una: la de la liberación».

Así habla el santo fundador. Sin embargo, en la práctica, se distinguen dos formas de budismo: una, popular y devota, es la del budismo como religión de los seglares, que aspira a alcanzar paraísos relativos, o por lo menos la felicidad en una vida futura, y que remite a un tiempo más lejano el problema del nirvana; otra, más integral, el budismo como disciplina, que es la de los monjes y que, por definición, prepara para la liberación final, de meditación en meditación y de éxtasis en éxtasis, hasta la reabsorción en lo no condicionado. Ahora bien, debemos tener en cuenta que el nirvana es lo contrario al paraíso. Este último es una etapa; el nirvana, en cambio, es un desenlace, el fin de toda existencia. El paraíso es el fruto de los méritos adquiridos, la recompensa; el nirvana va más allá de cualquier retribución. El paraíso se obtiene por la compasión, por las obras; el nirvana es una ruta solitaria, fundamentalmente individual y egoísta.

¿QUÉ ES EL NIRVANA?

Se podría decir que sólo a los occidentales les interesa esta cuestión. Para los orientales no hay motivo de preocupación: lo importante, ya lo hemos destacado, es avanzar y «evitar el sendero de las preguntas difíciles y seguir los pasos de Buda». El nirvana no es ni existencia ni no existencia, ni tampoco una combinación de ambas. Es impensable, inefable, y no sirve para nada buscar cómo saber más.

Sin embargo, existe una concepción «humana» de este estado final: es la del liberado vivo. Entrado en este mundo en plenitud, ha adquirido la certidumbre de no renacer más, ni en esta ni en otras tierras, ni tampoco en otras esferas superiores como espíritu celeste: de no renacer y, en consecuencia, de no morir de nuevo.

En la India, la fuerza del sol hace aparecer el reposo y la frescura como el bien supremo; incluso para el alma cansada, la inalterable serenidad es el único objetivo del penitente. Una madre se lamentaba de la muerte de su hija y exclamaba: «¡Jīva, Jīva!» (es decir, «Vida, Vida»). Alguien le preguntó: «¿De qué vida hablas? Ochenta mil jóvenes que se llamaban *Vida* han sido incineradas en este mismo lugar de cremación. Por todas partes hay dolor y muerte, jamás hay respiro». Buda preguntó a sus discípulos: «¿Os habéis sentido alguna vez, durante un día, durante una noche, durante un rato, completamente felices?». A lo que ellos respondieron: «No».

El sueño perfecto está dañado por el horror del insomnio. ¿Cómo dejar de buscar por todos los medios liberarse definitivamente del agotador reinicio de los insomnios?

Una mujer ignoraba qué era la muerte y buscaba un médico para reanimar a su hijo inerte. «Tráeme algunos granos de mostaza —le dijo Gautama— y yo curaré a tu hijo, pero es necesario que te los den en alguna casa en la que nunca haya muerto una persona». Entonces ella se dio cuenta de que los vivos son poco numerosos y de que, en cambio, los muertos son muchos más. Entonces comprendió y aceptó la ley eterna de todos los vivos. Convertida en monja, un día vio cómo se apagaban y volvían a encender las lámparas del claustro y entonces pensó: «Similares a estas lámparas son todas las criaturas; se apagan y realumbran de existencia en existencia», pero a aquellos que han alcanzado el nirvana, no se les vuelve a ver más. Al mismo tiempo, ella lo obtuvo.

Los discípulos del Perfecto

Las tres joyas

A la muerte del Bienaventurado, sus discípulos, diseminados por la mayor parte de la India, continuaron formando una comunidad de monjes sin jefe visible ni más referencia que la doctrina que el Perfecto les había enseñado: «Sed para vosotros mismos vuestra propia antorcha y vuestro recurso; no busquéis otro más».

Fue entonces cuando fueron anunciadas las tres joyas: el Buda, la ley (dharma) y la comunidad (sangha) en la que todo fiel budista deposita su confianza. A veces se ha intentado relacionar esta triple invocación con la concepción trinitaria del cristianismo, pero resulta evidente que es algo diferente. Se conoce la fórmula de profesión de fe en esta tríada sagrada que hay que pronunciar:

«A Buda quiero entregarme con una fe clara. Él, el Sublime, es el Santo, el Supremo Buda, el Conocedor, el Sabio, el Bendito, el Que conoce los mundos, el Que doma a los hombres, el Preceptor de los dioses, el Perfecto.

»A la ley me quiero entregar con una fe clara, ella se ha manifestado con absoluta claridad; ella no tiene necesidad de tiempo. Ella dice: "¡Ven y mira!". Conduce a la salvación y los sabios la reconocen.

»A la comunidad quiero entregarme con una fe clara, según la buena y recta conducta, según la justa conducta. Así es la comunidad del Sublime, digna de sacrificios, de ofrendas y de donativos, de que se eleven las manos ante ella en señal de respeto. Quiero conducirme según los preceptos de la rectitud, los preceptos que gustan a los santos, inviolados e intactos, sin mezcla ni disfraz, libres, alabados por los sabios y sin artificios que conduzcan a la meditación».

Así representaba la comunidad el ideal de los religiosos fieles al Perfecto.

Admisión entre los monjes

Vaya por delante que está prohibido aceptar personas que estén afectadas por dolencias o enfermedades graves, o por discapacidades físicas muy acusadas. Lo mismo es aplicable a los grandes criminales y a aquellos que siendo aceptados pudiesen provocar algún perjuicio a una tercera persona: apliquese por ejemplo a los soldados que pertenecen al ejército del rey o a los esclavos cuya marcha podría perjudicar a su amo. Los hijos cuyos padres no han dado su consentimiento también quedan excluidos. Finalmente, se considera que es impropio que los niños vistan el hábito monástico antes de cumplir los quince años, para cursar el noviciado, y que se comprometan con menos de veinte.

Existen, pues, dos grados de ordenación. Un grado inferior, correspondiente a un estado preparatorio, que consiste en abandonar la vida laica o en retirarse de una secta heterodoxa. En este caso, el candidato debe vestir el hábito amarillo y rasurarse el cabello y la barba. El segundo grado representa la entrada en el círculo de los miembros regulares de la comunidad y se lleva a cabo en presencia de todos los hermanos reunidos. El neófito dice entonces:

—Solicito de la comunidad, ¡oh, reverendos!, la ordenación. ¡Tened compasión de mí!

Un miembro anciano le pregunta entonces:

—¿Me escuchas, Untel? Ha llegado para ti el momento de hablar claro y alto. ¿Qué quieres? Debes responder «es» a lo que es y «no es» a lo que no es. ¿Estás afectado por alguna enfermedad? ¿Eres un ser humano? ¿Eres tu propio señor? ¿Tienes deudas? ¿Estás al servicio del rey? ¿Tienes la autorización de tu padre y de tu madre?

¿Tienes tu escudilla y tus hábitos? ¿Cómo te llamas? ¿Cómo se llama tu director?

Si las respuestas son satisfactorias, se presenta una propuesta de ordenación al claustro monástico y, si este da su aceptación, el solicitante puede considerarse uno de los suyos. Se le informa entonces de las obligaciones que cada hermano debe respetar. La ceremonia se desarrolla sin liturgia y se trata, en suma, de un acto puramente formal. La posibilidad de abandonar la orden se mantiene abierta en todo momento y quien toma esa decisión no sufre ningún tipo de reprobación ni castigo. Nada se opone a que un hombre rompa sus votos. Puede incluso, si lo desea, mantenerse en calidad de fiel laico y conservar la relación con sus antiguos compañeros: estos no lo rechazarán.

EL CÓDIGO MORAL

El código moral del budismo tiene diez mandamientos. Los cinco primeros se dirigen sin excepción a toda la comunidad y son los siguientes:

1.º No matarás.
2.º No robarás.
3.º No cometerás adulterio.
4.º No mentirás.
5.º Te abstendrás de tomar bebidas fermentadas.

Los tres siguientes son opcionales para los laicos, pero obligatorios para los religiosos:

6.° No comerás fuera de las horas permitidas.
7.° No adornarás tu cabeza con flores ni ungirás tu cuerpo con perfumes.
8.° Dormirás sobre una estera estirada en el suelo.

Las dos últimas obligan sólo a los monjes:

9.° No cantarás ni escucharás cantar a otros.
10.° No bailarás ni mirarás espectáculos de este tipo.

Algunas de estas obligaciones son formuladas de las siguiente manera:

— el asceta ha dejado de matar, se mantiene alejado del acto de matar. Sin maza y sin espada, sensible y lleno de simpatía, proporciona amor y compasión a todos los seres vivos;

— ha dejado de tomar aquello que no le es dado. No coge si no se le otorga. Espera aquello que le es dado sin intención de robar, sólo con un corazón que se ha hecho puro;

— ha renunciado a la lujuria y, fiel a este abandono, vive castamente alejado de la norma vulgar del apareamiento;

— ha dejado de mentir, se mantiene alejado de la mentira. Dice la verdad, siente devoción por esta: recto y digno de fe, no es hipócrita ni adulador;

— ha renunciado a la maledicencia, se mantiene alejado de ella;

— ha renunciado a las palabras ásperas, se mantiene alejado de ellas. Palabras que están desprovistas de sentido ofensivo, cordiales, corteses, que alegran a muchos y reconfortan a muchos: esas son las palabras que pronuncia el asceta;

— a veces responde con el silencio porque dice que son los pequeños riachuelos los que charlan entre las orillas estrechas y descompuestas. El amplio océano, al contrario, es silencioso. El hombre envanecido hace ruido; el sabio es tranquilo.

Este conjunto de pensamientos es conocido como el código de la conducta recta. Es el código inferior. El código medio se refiere a una vida de estilo espartano: reducción de las necesidades, abandono del mundo, de los negocios, de los cargos, rechazo de los regalos y de los bienes y renuncia a asumir la carga inútil; abstención de disputas dialécticas y de especulaciones; dicho de otra manera: neutralización del demonio del intelectualismo. Existe finalmente el código superior, que se refiere al rechazo de las practicas adivinatorias, astrológicas o de magia inferior; también condena la tendencia a perderse en el culto de tal o cual divinidad.

UN CULTO RUDIMENTARIO

Dos veces al mes, durante los periodos de luna nueva y luna llena, los religiosos de cada distrito se reúnen para celebrar el «día de ayuno». Pero tampoco cabe nada litúrgico. Para los budistas, no hay más que un lugar en el que el hombre decide sobre su salvación o su perdición: su propio corazón. Aquello que dicen los labios y hacen las manos no tiene valor más que como acompañamiento. No es cuestión, en la enseñanza más antigua, ni de sacrificios ni de oraciones ni de adoración, porque sólo la meditación que conduce al éxtasis es recomendable.

Entre todos los actos de este culto rudimentario, hay, sin embargo, uno que se sitúa por encima de los demás: el de la confesión solemne realizada precisamente al anochecer del día de ayuno. Se trata de un acto de control que permite certificar que se han hecho los deberes. Están excluidos los laicos, los novicios y las monjas. Se trata de una confesión considerada un atributo sólo de los monjes. El deán la preside y dice: «Cualquiera que haya cometido un pecado, que lo confiese. Cualquiera que esté sin pecado, que se calle. De vuestro silencio, ¡oh, reverendos!, concluiré que sois puros».

Un monje preguntado tres veces, pero que no confiesa un pecado que ha cometido y del que se acuerda, se hace culpable de una mentira voluntaria. Ahora bien, una mentira voluntaria trae consigo la destrucción: tal es la palabra del Sublime. Por eso un monje que ha cometido alguna falta, que se acuerda de ella y quiere purificarse, la confiesa. Porque lo que confiesa resulta ligero.

Cuando la enumeración de las faltas que entrañan la expulsión de la comunidad ha finalizado, el que preside la sesión se dirige a sus hermanos y en tres ocasiones les pregunta si son puros. Después pasa lista de las faltas menos graves, aquellas por las que se decretan simples degradaciones. Pueden ser, por ejemplo, pensamientos impuros, egoísmo o ira. A los culpables les son impuestas penitencias.

Aparte de las sesiones quincenales de confesión se celebra también la fiesta anual de la Invitación (Pavarana). Tiene lugar al final de la estación de las lluvias, antes de retomar la vida nómada. Su finalidad es también la confesión y la expiación de las faltas contra la regla. Como se puede constatar, el culto, si se le quiere dar este nombre, no conduce más que a aproximaciones a la vida espiritual, la cual, como todo lo demás, es esencialmente interior.

Todavía se puede hablar de otra manifestación, común también a todas las religiones: la de las peregrinaciones a los santos lugares y que, en lo que concierne al budismo, serían las peregrinaciones a las reliquias de Buda. Existen cuatro lugares que son tenidos por dignos de ser visitados: aquel donde nació Gautama, aquel donde conoció la Iluminación —el bodhimanda—, aquel donde puso en marcha la rueda de la ley y aquel, finalmente, en el que abandonó toda vinculación terrenal y entró en el nirvana.

Cualquiera que muera en estado de fe durante una peregrinación a estos santos lugares seguirá, cuando su cuerpo se descomponga más allá de la muerte, la ruta correcta y renacerá en el mundo celeste.

El cuidado de las reliquias y las festividades en su honor incumbe a los laicos. Para los monjes, el Maestro le dijo explícitamente a su discípulo Nanda: «No os dejéis turbar por los honores que se rinden al cuerpo del Perfecto. Esforzaros antes en alcanzar vuestra santidad. Pensad en ella sin desfallecer, en el santo celo, esforzaros para lograr la perfección. Existen ¡oh, Nanda! entre los nobles, los brahmanes y los burgueses algunos hombres sabios que creen en el Perfecto y que rinden honores a sus restos.

Así es que después de la desaparición de Sakyamuni, sus reliquias fueron repartidas entre los príncipes, que hicieron construir estupas e institucionalizaron las fiestas —ofrendas de flores, abluciones e iluminaciones— para conmemorar su memoria.

LAS COMUNIDADES DE MUJERES

Las mujeres son, para los budistas, la más peligrosa de todas las trampas que Mara ha tendido a los hombres. Encarnan el poder de la seducción que ata el alma a este mundo.

—Maestro —preguntaba Nanda—, ¿cómo hay que comportarse ante una mujer?

—Hay que evitar su mirada.

—¿Qué debemos hacer, Maestro, si inevitablemente la vemos?

—No dirigirle la palabra.

—¿Y si a pesar de todo le hablamos?

—Entonces, ¡oh, Nanda!, es necesario ponerse en guardia.

Durante mucho tiempo, la orden sólo aceptó hombres. Después, un día, a petición de su madre adoptiva, Sakyamuni aceptó admitir mujeres entre sus discípulos. Cuando concibió la norma que tenía destinada, la expuso delante de los monjes y únicamente a través de su intermediario se la hizo llegar a ellas. Esta norma las colocaba en una situación de casi absoluta dependencia. «Una mujer —dice un párrafo de las Leyes de Manu— no debe disfrutar nunca de su libertad». En otra parte se puede leer: «Aunque haga cien años que una monja haya sido ordenada, esta deberá saludar respetuosamente y levantarse ante cualquier monje, aunque sólo haga un día que ha sido ordenado. De la misma forma que la esposa está sometida a la tutela del marido y la madre a la de sus hijos en caso de que el marido haya fallecido, también las monjas están subordinadas a los monjes».

No hace falta decir que existe una estricta separación entre las dos comunidades de la orden. Viajar con una monja, navegar a bordo de un barco con ella o sentarse cerca de ella sin testigos son situaciones que están rigurosamente prohibidas. Por lo demás, tanto la vida cotidiana como las prácticas religiosas no son esencialmente diferentes en las dos comunidades. Sin embargo, un aspecto sí que las separa: la soledad no es aceptada para las mujeres, que sólo pueden vivir en compañía de sus iguales en el interior de los muros en las aldeas o ciudades.

La expansión del budismo

El budismo siempre ha querido ser una enseñanza dirigida a toda la humanidad sin distinción de razas ni de castas. Si bien primeramente se desarrolló de forma duradera en la India, no tardó en difundirse por otras tierras en las que ha logrado una amplia implantación bajo diversas formas. Es cierto que arrastra muchos conceptos de la filosofía india, pero ha sabido adaptarse de una forma admirable a la mentalidad de las poblaciones que lo han acogido. Actualmente está muy extendido en Sri Lanka, Myanmar, Tailandia, Camboya, Vietnam, Tíbet, China y Japón.

El budismo en la India

Fue en tiempos del rey Açoka, en el siglo III a. de C., cuando el budismo se propagó por la India. Atraído por los valores proclamados por Gautama, este gran conquistador se dispuso a renunciar a la guerra e imponer el imperio de la ley en su reino. Para dejar constancia de estas acciones hizo grabar los preceptos de la doctrina, que constituyeron los primeros monumentos de la epigrafía budista. Esto es lo que hizo inscribir para sus guerreros:

— no hay que creer que la conquista por las armas merece el nombre de conquista; no es más que conmoción y violencia;

— sólo hay que considerar como verdadera conquista los logros de la ley. Estos sirven para este mundo y para el otro;

— hay que dar todo su consentimiento a los beneficios de la ley, porque eso tiene su precio en este mundo y en el otro.

Açoka no se dio por satisfecho con divulgar entre sus súbditos el budismo, sino que envió misioneros a todos los Estados vecinos. Algunos peregrinos chinos que se encontraban de visita en la patria de Buda, hacia el año 400 d. de C., fueron testigos del extraordinario florecimiento de este movimiento. Esa fecha corresponde probablemente con el apogeo de su expansión en la península india; después, a partir de este periodo, el budismo comenzó a sufrir los ataques de los brahmanes, cuya contrarreforma, puesta en marcha en el siglo VIII, ha quedado recogida en numerosos textos.

En el siglo XI todavía se mantenía en Bengala. Pero fue en el año 1193, bajo el impulso de la invasión musulmana, cuando recibió la agresión más fuerte, que se saldó con la destrucción de todos los monasterios y el asesinato de los monjes, una tragedia de la que no se ha rehecho nunca más. Se dice que actualmente hay en la India alrededor de cuatro millones de budistas, repartidos en su mayor parte por las tierras situadas en el golfo de Bengala y por Assam.

EL BUDISMO EN CHINA

Generalmente, la penetración del budismo en China se sitúa en el siglo I de la era cristiana. En aquella época, el emperador Ming-Ti habría enviado a la India una delegación que volvió con los cuarenta y dos volúmenes de los sutras mahayanistas. Sin embargo, el desarrollo de la doctrina es posterior a esa fecha. En efecto, cuando el Imperio Medio adoptó una política exterior orientada a lograr la expansión territorial se abrieron diferentes vías de penetración.

El proceso resultó muy laborioso, no sólo por las propias dificultades lingüísticas, sino sobre todo porque la mayoría de la población china, esencialmente pragmática y poco dada a las especulaciones metafísicas, estaba enormemente impregnada de un animismo primitivo. Por su parte, la élite laica de la población se declaraba seguidora de la filosofía de Confucio. Finalmente, los Hijos del Cielo prohibieron, durante un periodo de tiempo bastante prolongado, el establecimiento de monjes en su territorio, ya que, según Confucio, representaban un estado negativo para el crecimiento de la población y completamente inútil para el desarrollo de la industria y la agricultura.

La corriente taoísta preparó, no obstante, algunos documentos de acogida a las nuevas ideas. Esta filosofía había insistido, en efecto, en la vacuidad y temporalidad de las cosas de este mundo. Así fue como diferentes formas de budismo acabaron por penetrar en el país. No obstante, la expansión no hubiera sido posible si la estructura del imperio no se hubiera fraccionado y algunas dinastías extranjeras no se hubieran establecido en el país.

En cualquier caso, hubo que esperar hasta el siglo V para que aparecieran los primeros monumentos budistas como muestras públicas del establecimiento del nuevo culto. Se produjo también entonces la expansión del arte wei, excepcional tanto por la finura de su ejecución como por el fervor religioso que lo animaba.

A partir de esa fecha, los religiosos llegados de todas las regiones del Asia budista trabajaron denodadamente para traducir al chino las obras de las diferentes sectas seguidoras del Buda Sakyamuni. A la vez, hay que decir que la labor política realizada por los seguidores del budismo fue una de las razones por las que su religión fue tolerada e incluso favorecida. La devoción popular se dirigía sobre todo al buda Amitabha. El budismo también padeció algunas persecuciones de corta duración pero muy violentas. La primera en el año 444, además de en 626 y en 845. La última, bajo la dinastía T'ang, duró dos años, durante los que más de doscientos cincuenta mil religiosos fueron secularizados, deportados y empleados en trabajos públicos.

Hacia el año 526 apareció en China el patriarca del budismo indio Bodhidharma, vigesimoctavo sucesor de Buda, que fundó la escuela Ch'an (en Japón, Zen). Poco después llegó Hiuan Tsang, que regresaba de la India, donde había estudiado mucho tiempo, y estableció los primeros fundamentos de otra escuela célebre, la de Wei-Shi. No sólo fue un gran iluminado y un genial organizador, sino también un destacado letrado. Dio a la corriente religiosa china un tono claramente mahayánico, apartándose de las derivas tántricas del Tíbet y de Mongolia, aunque una escuela de ese tipo ya había aparecido con el nombre de Mi-T'sung.

Hacia el año mil, el monje Atisha, que había restaurado el budismo tibetano, llegó a China para depurar la doctrina, en la que había rastro de algunos ritos taoístas, ciertas prácticas de adivinación y el culto al dragón. Sus discípulos impusieron el sánscrito como lengua sagrada.

No obstante, las enseñanzas de Buda no consiguieron nunca modificar de manera importante las viejas creencias chinas. La población de este país adoptó definitivamente una especie de positivismo supersticioso y aceptó todas las fórmulas religiosas en la medida en que le resultaban eficaces. En el siglo XII, gracias al impulso de Gengis Khan, un movimiento de pensadores elaboró un sistema basado en la tendencia evolucionista, en la cual el racionalismo permaneció como la característica principal.

Kubilai, hijo del gran conquistador que consiguió dominar China, mantuvo y reforzó la política religiosa iniciada por sus antepasados. Bajo los Ming (1368-1644), una nueva reacción se levantó contra la penetración de sistemas de pensamiento extranjeros y en especial contra el budismo. El confucianismo volvió a ganar terreno, estableciendo como fundamento de la vida moral la idea de un bien supuestamente idéntico a la razón celeste.

Conocer uno su propio corazón es el único deber y principio de la verdad y de la paz. Este subjetivismo moral, más o menos acomodado al tradicionalismo y completado con una pronunciada preferencia por toda filosofía progresista, inspiró durante mucho tiempo los sentimientos más profundos de los Hijos del Dragón. Durante la primera mitad del siglo XX, la joven república china se esforzó por frenar el avance de las ideas comunistas y recuperar la doctrina de Buda, un esfuerzo vano que fue reprimido por los japoneses cuando ocuparon el país, a fin de plasmar su idea de construir una gran Asia. Hoy día, bajo la férula de los gobernantes comunistas, el budismo chino está en plena regresión y no parece que nada vaya a detener ese declive en curso.

El budismo en Japón

La religión de Buda fue introducida en Japón en el año 552 de nuestra era por misioneros coreanos llegados a la corte del Mikado, al mismo tiempo que los sabios y artistas que habían sido llamados. Desde el año 587 se fue propagando lentamente e instalándose, aunque no sin algunos sobresaltos, al lado del sintoísmo, la religión nacional. Después, con el gobierno del príncipe Shotoku, adquirió carácter oficial. Este último encargó la redacción de diferentes obras, entre ellas *El loto de la verdad*, destinadas a difundir las nuevas enseñanzas.

Entonces conoció un periodo especialmente floreciente en el siglo IX, en la época del bonzo Kukai, también llamado Kobo-Daishi. Todas las divinidades del antiguo culto —las Kami— fueron integradas y presentadas como manifestaciones anteriores de Gautama. Las nuevas creencias lograron el acceso al palacio imperial y se multiplicaron bajo formas extremadamente variadas. Al igual que en China, en Japón se mezclaron con la veneración profesada a los antepasados. A la muerte de Kobo-Daishi, una profunda reforma religiosa estaba en marcha y en ella el Perfecto tomó el nombre de Gran Iluminador.

En el siglo XII se desarrolló el culto de Amida-Buda, en el que la búsqueda del nirvana fue abandonada en beneficio del «paraíso» propuesto desde Occidente o «Vía de la piedad». Su centro se situó en el monte Hiei. Al revelador del camino de la salvación se le dio también el nombre de *Redentor*. Honen (1133-1212) fue uno de los más ilustres representantes de esta corriente pietista. Este fundó la «escuela del país puro» (Yodoshu), mientras su alumno Shinran Shonin establecía la «verdadera escuela del país puro» (Jodo-Shinshu). Estas dos sectas agrupan actualmente a la mayoría de los budistas japoneses.

Paralelamente, se manifestó un nuevo y poderoso movimiento llegado desde China: se trataba del budismo zen. Su fundador y primer maestro fue Myoan Eisai (1141-1215). Su método a base de ejercicios espirituales fue bien recibido en los medios aristocráticos militares; entre aquellos hombres de alma bien templada, la ciencia de la guerra sólo era comparable al del gobierno: no en vano, hablamos de la religión de los samuráis. Uno de los maestros zen más prestigiosos fue Dogen, que vivió en el siglo XIII. En el año 1227, de vuelta a China, donde había vivido cuatro años, fundó junto a algunos de sus alumnos un pequeño monasterio en el que se entregó a la disciplina más severa. En el capítulo siguiente volveremos a hablar de la doctrina zen.

Al racionalismo del budismo zen y al quietismo de las corrientes amidistas, el reformador Nichiren (1222-1282) opuso una visión mística personal que tomó el nombre de *Loto de la Buena Ley*. Predicaba la adoración de Sakyamuni y la unión total con el santo fundador a través de la repetición de una fórmula sagrada, tendencia que se puede vincular con los sistemas tántricos.

A partir del siglo XVI, comenzaron a llegar los primeros misioneros jesuitas. Sin embargo, sospechosos de instigar intrigas políticas, fueron expulsados cien años más tarde. Desde esa fecha hasta el comienzo del siglo XIX, Japón vivió en medio de un aislamiento casi completo desde el que intentó recuperar las viejas creencias sintoístas. Entretanto, los viejos budistas opuestos al régimen imperial habían establecido alianzas secretas con los shogunes, unos señores de la guerra enemigos de la autoridad.

Sin embargo, su influencia se debilitó cuando se hundió el régimen feudal. Con el retorno de los cristianos, el catolicismo pudo crearse un espacio considerable y la imitación de Occidente creció durante un cierto periodo hasta tal punto que se llegó incluso a pensar en la sustitución de la lengua nipona por la inglesa y en abrazar oficialmente la religión de Cristo. La reacción frente a esta posibilidad impuso un nuevo retorno a las tradiciones más antiguas. Los últimos grandes personajes inspirados por el budismo fueron Takayama, Kiyozawa y Tsunashima. La modernización del país, lejos de obstaculizar su acción, representó para ellos la oportunidad de poner en marcha una nueva campaña de proselitismo. El estudio de los textos sánscritos fue considerado un honor y su propagación se extendió no solamente por toda Asia sino también por Estados Unidos y Europa, donde el zen, frecuentemente enseñado por los maestros japoneses, ha crecido sin pausa.

Honen y la escuela Jodo

Genku, más conocido como Honen, nació en el año 1133 en el seno de una familia de funcionarios de la provincia de Mimasaka. Su padre, asesinado por unos bandoleros, le suplicó durante su agonía que perdonara a sus asesinos y no se vengara. Estas palabras le marcaron para siempre. Estudiante en el seminario de su ciudad, manifestó unas cualidades espirituales tan excepcionales que poco después fue admitido en el célebre monasterio del monte Hiei. Allí permaneció treinta años en meditación y adquirió prestigio como gran santo.

Al final de un periodo tan largo se dedicó a fijar un método de salvación que fuera accesible a todas las personas,

---

(continúa)

tanto a las más pobres e ignorantes como a las más ricas y eruditas. Decidió para ello retirarse a una ermita donde, cuando ya había cumplido cuarenta y dos años, se entregó a la redacción de su obra, *La elección*, en la que explicaba el resultado de sus reflexiones. Paralelamente, fundó la secta Jodo. Era el año 1175.

«Cualquiera —nos decía— que invoque con sinceridad el nombre sagrado de Amida-Buda obtendrá al final de sus días el acceso a la tierra pura».

Esta práctica fue considerada como la más importante, por delante incluso de las meditaciones prolongadas mediante las que otras sectas pretendían que los seres pudieran acceder a la luz del nirvana. Explicaba la facilidad que ofrecía esta nueva vía de acceso por el hecho de que los hombres de «los últimos tiempos», los de su época según las Escrituras, vivían un periodo de degeneración y alejamiento de las enseñanzas de Buda y no eran capaces de comprender profundamente la fe budista y asumirla en plenitud.

Invocar el nombre de Amida (del sánscrito Amithaba, «luz infinita») no era más que una fórmula mecánica que debía ir acompañada de un auténtico impulso del corazón y de la fe más completa del invocante.

Posteriormente, Honen cambió de ermita y se instaló en Yoshimozu, «fuente de la alegría», pensando en entregarse en soledad a su devoción. Sin embargo, fue seguido por una muchedumbre ávida de verlo y escuchar sus palabras. Entre sus seguidores había soldados, agricultores, grandes dignatarios y hasta criminales y prostitutas. En esas circunstancias, fue denunciado como agitador por otros religiosos celosos de su celebridad y trasladado a una isla lejana en 1207. Tenía entonces setenta y cuatro años.

«Qué importa la separación —decía a sus amigos—, nada detendrá el triunfo de Buda. Conservad la fe: nos encontraremos en la luz de la tierra pura».

(continúa)

Conmutada la pena cuatro años más tarde, regresó junto a sus discípulos para morir al año siguiente. Además de *La elección*, dejó numerosos poemas que muy pronto fueron venerados como un auténtico evangelio. Uno de ellos, reflejo directo de sus enseñanzas, recordaba las jaculatorias de los hesicastas que, al ritmo de la respiración, caminando o sin realizar actividad alguna, repetían el nombre de Dios.

«El fiel —decía Honen— debe parecerse a un hombre que ha perdido los sentidos, o a un sordomudo o a un tonto, que se entrega exclusivamente a la práctica de la poesía, a pronunciar, cuanto más tiempo mejor, día y noche, sentado o de pie, acostado o caminando, el santo nombre de Buda. Así alcanzará la salvación y podrá ver el misterioso reino en el que desaparece el pensamiento y la imaginación».

El yoga para alcanzar la Gran Paz

En alguna de sus formas, el budismo ha integrado ejercicios de yoga. Existen, ciertamente, diferentes tipos de yoga, pero no son más que variantes del método clásico considerado unánime y tradicionalmente como la referencia. El objetivo de esta disciplina es el mismo: alcanzar la liberación final y definitiva de la prisión de los renacimientos (samsara). Dos factores esenciales han sido utilizados con esta finalidad: el control de la respiración (pranayama) y la concentración (dharana). Un elemento, además, se presenta como indispensable: la presencia de un maestro (gurú), porque sólo de esta manera se transmite el saber. Nadie, en efecto, puede inventar nunca nada en el campo de la verdad. Revelada en su integridad al principio del ciclo cósmico, se halla depositada

(continúa)

en un número cada vez más reducido de personas a medida que la ley se degrada; a medida, de hecho, que se aleja la edad de oro (Krita-Yuga) y se suceden los siguientes periodos hasta llegar al último, la edad oscura (Kali-yuga), que corresponde, según se considera, con nuestra época.

Ocho etapas son las que debe recorrer el yogui: los refrenamientos, las obligaciones, las posturas, el control de la respiración, la retirada del sentido, la concentración mental, la meditación profunda y el recogimiento perfecto. Las seis primeras se refieren a las disciplinas psicocorporales y las dos últimas, a un estado que se aleja por completo de los otros.

Se trata de eliminar las diferentes impregnaciones mentales que cada hombre lleva consigo, en diverso grado, y que forman el primer obstáculo que vencer en relación con la vía de la liberación.

El dominio de la respiración es una fase mayor porque representa la vida y la energía vital. Es «el fuego que cada inspiración reaviva» y que conduce al que sabe mantenerlo por el sendero correcto. Para llegar, son necesarias posturas que conducen al mismo tiempo al dominio del cuerpo. En este momento, el yogui «olvida» su existencia: funciona por sí mismo sin intervención de la consciencia. No es distraído por las llamadas que emanan de la «máquina» psicomotriz. Le quedan, no obstante, las distracciones mentales, de las que también debe emanciparse.

Ha llegado el momento de emprender «la suspensión de los sentidos» y de cerrar las «ventanas» del cuerpo para acceder al segundo punto importante del yoga: la concentración y, más especialmente, aquella centrada sobre un único objeto (ekagrata) material o inmaterial.

«A través de la concentración se accede al sosiego, se ven las formas igual que las ve un ciego, se oyen los ruidos igual que los oye un sordo, y el cuerpo no es más que una parte del bosque». Desde ese momento ya es posible la fi-

(continúa)

jación mental que conduce a la disolución del espíritu para llegar al estado conocido como *vibración primordial.*

Cuando el cuchillo de la fijación del espíritu,
afilado por el control de la respiración,
afilado sobre la piedra de la renuncia,
ha cortado el tramo de la vida,
el adepto es para siempre liberado de los lazos.
Libre de cualquier deseo, se convierte en inmortal.
Liberado de las tentaciones,
cortadas las trampas de la existencia,
ha dejado el camino de la transmigración.

Las impregnaciones mentales se han evaporado, los sentidos han sido domados, la respiración ha sido controlada y la atención fijada. Entonces, el adepto entra en la meditación suprema (dhyana) o trascendente, allí donde el conocedor y el conocido se reúnen, donde se borra la dualidad, donde el sujeto no está separado del objeto que mira. Este estado es propiamente indescriptible, es la Gran Paz (Shanti). Una brusca mutación se produce entonces y el yogui alcanza la revelación intuitiva de su unión con el universo; no el éxtasis que presupone una salida de sí mismo, sino el éxtasis que representa el viaje inverso. Se ha alcanzado el nirvana.

EL LAMAÍSMO DEL TÍBET

El budismo se introdujo en el Tíbet, desde el siglo VII, estableciendo, bajo una forma yogui-tántrica, las correspondencias ocultas que existen entre el hombre y el universo. Los europeos le dieron el nombre de lamaísmo. La historia cuenta que las propagadoras de la Buena Ley fueron las dos esposas del rey S'rong T'san Gam-po, a continuación honradas con los nombres de Tara Verde y de Tara Blanca, consideradas las protectoras del país. La primera era nepalesa, la segunda china. No obstante, de hecho, fueron sobre todo los monjes indios los que llevaron la doctrina al pueblo.

En torno a la imagen del Perfecto se reúne toda una mitología de dioses y diosas, de demonios y furias —las Dakkini—, directamente surgidas de las creencias primitivas de los tibetanos. El primer monasterio fue edificado junto a la orilla del Brahamaputra por un yogui de Cachemira de gorro rojo denominado Padma Sambhava («Hijo del Loto»), que llegó al país de las nieves en el año 747. Cuando Sambhava llegó a reinar en su tierra natal, unos cincuenta años más tarde, dejó tras él numerosos discípulos suficientemente instruidos como para que sus palabras no se perdiesen.

Hacia el año 1050 se presentó, también llegado desde la India, el sabio Atisha, portador de la doctrina mística Kalachakra («la rueda del tiempo»). El predominio del budismo llegó a ser tan grande que el poder temporal pasó a manos de los monjes, iniciando un auténtico sistema teocrático. Los «gorros rojos» admitían el matrimonio, y en esa época, un tibetano de cada cinco abrazó la vida monástica.

Más tarde, en el siglo XI, bajo la influencia del anacoreta Marpa y de su alumno Milarepa, el budismo se alejó claramente de los cánones originales. Magia y brujería se mezclaron íntimamente con la religión hasta el punto de que se hizo indispensable acometer una profunda reforma. Sería un monje chino el que, trescientos años después, restableció el verdadero culto a Sakyamuni. Se llamaba Tsong K'a Pa. Persiguió a los «gorros rojos» y emprendió una radical transformación de las órdenes religiosas, que incluyó el alejamiento de las esposas de los monjes casados, la prohibición de todas las prácticas ocultas, el cierre de monasterios y la condena como heréticos de todos esos monjes. Frente a los «gorros rojos», fundó la orden de los «gorros amarillos», a los que organizó mediante un sistema jerárquico temporal; preparó el advenimiento del reino teocrático y situó a la cabeza de su orden a un superior cuya continuidad ha estado siempre asegurada: el Dalái Lama.

De hecho, el lamaísmo es bicéfalo, dado que al lado del Dalái Lama («el lama semejante al océano»), que representa el poder temporal, reina el Pantchen Lama, en quien recae el poder espiritual. Uno vivía en el monasterio de Potala, en Lhassa, hasta la invasión china, y el otro en el monasterio de Ta-shilhum-po. Este último apoyó la invasión china de 1950. Después, juzgado como contrario al progreso económico y científico, y a causa de la práctica del celibato por parte de los monjes, lo que no ayudaba a la repoblación de sus territorios, el lamaísmo se vio amenazado de desaparición, pero se ha difundido por Occidente, donde ha surgido un considerable número de centros.

Zen y budismo

LA CIENCIA DE LA MEDITACIÓN

El que sabe no habla.
El que habla no sabe.
LAO TSE

El budismo zen y su enseñanza en el mundo occidental ha suscitado tal grado de interés que es necesario hacer referencia a él. Parece claro que no se trata sólo de una simple moda pasajera, sino de una llamada profunda que responde a esos planteamientos hondos que se hace el hombre moderno en una civilización preocupada exclusivamente por el número y la cantidad de las cosas que se poseen, y en un sistema impulsado por la implacable lógica de una producción que debe crecer permanentemente, pero en la que brillan por su ausencia los valores esenciales del espíritu.

El objetivo que desean alcanzar sus practicantes es la pureza del alma, el alejamiento, y por lo tanto, mantenerse a sí mismos al margen de los trastornos de la vida humana. La palabra *zen* procede del sánscrito *dhyana*, que significa «meditación».

Según una leyenda, Buda cogió una flor con su mano y sonrió mientras presidía una asamblea de sus discípulos. Ninguno de los que estaban presentes comprendió el sentido de aquella sonrisa. Únicamente Maha-Kacyapa entendió el enigma y respondió al maestro con una sonrisa similar. La historia se detiene ahí. Sería el origen del zen, sea con palabras, sea sin palabras. A quienes preguntan qué significa la sonrisa de Buda, no se les responde, porque no existe, en el lenguaje habitual, una respuesta satisfactoria. Todo lo que puede formularse resulta incompleto.

En cada hombre existe una identidad que implica la suprema unidad de la existencia. Cuando se accede a la consciencia de esta naturaleza fundamental, uno se siente identificado con el mundo. Los budistas indios ya practicaban esta disciplina mental.

El viento es la flauta de la naturaleza, dicen los taoístas, que, al soplar entre los árboles y sobre las aguas, entona numerosas melodías. También el tao se expresa a través de los espíritus y de las diferentes edades, y permanece siempre igual.

Lo que cuenta es mantenerse siempre por encima de las agitaciones humanas y armonizar el ser con la serenidad de la naturaleza.

El ideal del zen se sitúa más allá del bien y del mal, intenta dominar la felicidad y las desgracias de la vida, se traduce en acciones fuertes, en un comportamiento audaz que las vicisitudes del día a día no puedan ensombrecer. El alma que ha alcanzado las cimas de la iluminación se identifica con el universo y no se preocupa más por la pérdida o la ganancia de cualquier cosa. Se mantiene intrépida ante las calamidades o la adversidad, insensible a las esperanzas y a las seducciones. El hombre así realizado compara su vida con una roca inquebrantable entre los embates furiosos.

El Japón que se abrió a esta disciplina era el de los hombres de la guerra que no solamente habían librado muchas batallas, sino que también habían asumido la responsabilidad del gobierno de sus provincias. Tenían un alma sólida y llevaban una existencia ruda, pero eran libres en sus actos. Aspiraban a alcanzar un ideal que fuera capaz de otorgarles más firmeza todavía. Las antiguas variantes del budismo eran para ellos demasiado suaves, poco pensadas para generar actuaciones heroicas.

El budismo zen fue descubierto por estas generaciones de guerreros impávidos en el momento oportuno. Sus métodos eran sobre todo sencillos y fáciles de practicar incluso en la vida propia de los campos de batalla. También sus maestros fueron recibidos como si fueran directores espirituales. En consecuencia, se convirtió para muchos de ellos en un código de vida propio de los hombres de la guerra que transmitieron a todo el país. Era practicado durante las sesiones de contemplación, pero también en algunas conversaciones en las que se formulaban paradojas y donde se proponían enigmas.

Un jefe militar llamado Tokiyori, que vivió en la primera mitad del siglo XIII, siempre había deseado ardientemente encontrar un verdadero maestro de zen. Cuando se le presentó la oportunidad compuso, como era costumbre, un poema corto que decía más o menos esto: «La brisa primaveral sopla, los batientes de mis ventanas se abren solos. ¡Observad fuera cómo el fresco verdor de los sauces anuncia la llegada de la primavera!».

La llegada de la primavera era aquí una alusión al despertar espiritual. El maestro sonrió y preguntó a Tokiyori cómo sabía que llegaba la primavera. El soldado respondió que en sueños había visto no hacía mucho a un maestro de zen al que siempre había estado deseoso de encontrar y que finalmente ese día estaba ante él. Por toda respuesta, el monje le soltó un fuerte puñetazo en plena cara. En ese momento, esa era la manera de comprobar el grado de autocontrol de su visitante. Tokiyori conservó la calma y salió victorioso de la prueba. Entonces dijo: «¡Oh maestro! Todo mi cuerpo tiembla de alegría tras haber recibido un golpe tan benefactor». Esta anécdota, real o imaginaria, puede ser equiparada u opuesta a la historia del diálogo sin palabras y de la flor entre Maha-Kacyapa y Buda.

El zen, especialmente adaptado a la formación de los soldados, da a su existencia un sentido: fue el origen del bushido, la «vía del guerrero», el código de honor de los que llevaban armas. El sentimiento de unidad esencial de todos los seres, la sumisión del individuo a un destino superior y la resignación tranquila eran los pensamientos que presidían todos sus actos. Una determinada estética nació de esa forma de vida que se manifestó bien pronto en las artes, en primer lugar en la pintura y después en la poesía.

Enseguida afectó a todas las ocupaciones de la existencia, incluida la manera de servir el té, por ejemplo. Fue entonces la «vía del té». También a las artes marciales y a la práctica del tiro con arco. Y a la manera de componer jardines, preparar ramos e incluso, a través del haraquiri o *seppuku*, de darse muerte.

La enseñanza de los cinco pétalos

Cuando los no iniciados abordan la doctrina zen se sorprenden por su inmediata accesibilidad, lo contrario de lo que ocurre con las otras escuelas budistas, en las que el objetivo que alcanzar parece lejano y sobrehumano. El Despierto, el Satori, como lo llaman los japoneses, se muestra siempre perfectamente natural, evidente de alguna manera y susceptible de manifestarse improvisadamente en cualquier momento, en cualquier lugar y en cualquier situación de la vida.

De hecho, esta simplicidad, esta enseñanza que va directa hacia el objetivo, sin rodeos ni símbolos, presupone unas condiciones excepcionales que permiten a un hombre en medio de sus ocupaciones ordinarias dar de repente un vuelco a su comprensión del mundo y de sí mismo.

Hay datos que nos hablan de una tradición de la «vida corta», que existe en la India y en el Tíbet, reservada a aquellos que disponen de las cualidades necesarias: la liberación es entonces inmediata, sin artificios ni intenciones especiales. Las extrañas alusiones que se relatan tienden a acreditar la existencia de una doctrina secreta transmitida del maestro al discípulo.

La tradición habla de que el zen fue introducido en China en el año 520 por el monje indio Bodhidharma, que se estableció en Cantón, en la corte del emperador Wu de Liang: «La verdadera razón de mi llegada es la transmisión de la ley a fin de salvar a los que han caído en la confusión. Una flor de cinco pétalos acaba de abrirse y el fruto aparecerá por sí solo».

Con la expresión *cinco pétalos* se refería a los cinco patriarcas que debían sucederle. La veracidad de esta profecía es obviamente dudosa. Pero, en cambio, lo que resulta seguro es que el zen comenzó su verdadero crecimiento en China aproximadamente dos siglos después de su muerte. Entonces comenzaron a abrirse las primeras escuelas y se formaron los primeros maestros.

Bodhidharma halló en las enseñanzas de Lao Tse un terreno abonado en el que sembrar las ideas que aportaba. Se dice que un día, enfadado por haberse dormido durante una meditación, se cortó los párpados, y las pestañas, al caer al suelo, arraigaron en forma de árboles de té. Por eso, desde entonces, los monjes zen beben té para vencer el sueño y clarificar el espíritu. Un proverbio enuncia: «El sabor del zen (Ch'an) y el sabor del té (ch'a) son idénticos».

Se cuenta también que el sucesor de Bodhidharma, Hui-Ko, lo interrogaba incansablemente sobre el medio de llegar a la Gran Luz, rogándole que le instruyera.

Sin embargo, sólo recibía negativas. Por esa razón, esperó mucho tiempo delante de su puerta sin desanimarse, ya que sabía que todos los grandes maestros espirituales de otro tiempo habían tenido que pasar por alguna prueba desgarradora antes de alcanzar el objetivo al que aspiraban.

Una tarde esperaba de pie que Bodhidharma advirtiera su presencia, pero la nieve, que mientras tanto caía con gran intensidad, había acabado por cubrirlo hasta las rodillas. Entonces el maestro le preguntó:

—¿Qué deseas que haga por ti?

—He venido —respondió Hui-ko— para recibir tus inestimables instrucciones. Te lo ruego: ¡ábreme la puerta!

—No se puede comprender la incomparable doctrina más que a través de una larga y dura disciplina que endurezca aquello que es más penoso de endurecer y practicando aquello que es más penoso de practicar. Los hombres de menor virtud y de inferior sabiduría no están autorizados a comprender qué es eso. Todas sus tentativas, todas sus penas no cuentan para nada.

Hui-Ko acabó por cortarse su brazo con la espada que llevaba y lo ofreció a Bodhidharma como un testimonio de la sinceridad del deseo que lo animaba a ser instruido en la doctrina de todos los Budas. Bodhidharma le transmitió entonces esta advertencia:

—¡Es algo que no debe ser buscado a través de otro!

—No tengo paz de espíritu —suplicó Hui-Ko—, te lo ruego, ¡pacifícalo!

—Pon tu espíritu delante de mí y lo pacificaré —le replicó Bodhidharma.

Hui-Ko dudó un momento y respondió:

—Lo he buscado durante años y todavía no he sido capaz de encontrarlo.

—¡Eso es! —exclamó el maestro—, ya he pacificado tu espíritu.

Y Hui-Ko llegó de repente al Satori. Esta conversación parece que fue el primer ejemplo de lo que iba a convertirse en el método específico de la enseñanza del zen, también llamado de «pregunta-respuesta», salpicado de abruptos enigmas enfocados a confundir a quien pregunta y a huir de los grandes planteamientos que conllevan el riesgo de no provocar los efectos buscados.

En cierta manera, es ligeramente similar a esas ocurrencias que no logran su objetivo porque la gracia que pretenden provocar requiere una explicación para ser entendida. Es decir, para ser efectiva se debe cazar al vuelo o nunca. Un monje decía:

«Algunos cultivan la vacuidad, se complacen en ella y están encadenados a ella; otros practican la contemplación, se complacen en ella y se sienten vinculados a ella; otros, en cambio, se vinculan a la tranquilidad y no llegan a desprenderse de ella. ¿Puede eso ser llamado liberación?».

Ma-tsu, célebre por sus lúcidas palabras, fue un día abordado por un hombre que le preguntó lo siguiente:

—¿Cómo puedes entrar en armonía con el Tao?

—No estoy en armonía con el Tao —respondió.

El mismo Ma-tsu preguntaba un día a su propio maestro cuál era el objetivo de la meditación sentada (za-zen). Este le respondió: «El objetivo es convertirse en Buda».

El maestro cogió entonces una teja y comenzó a pulirla.

—¿Qué haces, maestro? —preguntó Ma-tsu.

—Pulo esta teja para hacerme un espejo.

—¿Cómo puede una teja pulida convertirse en un espejo?

—¿Cómo permite la meditación sentada convertirse en Buda?

Ma-tsu fue posteriormente uno de aquellos que respondían a las preguntas sobre el budismo sorprendiendo a quienes las formulaban o poniendo el grito en el cielo; golpes y gritos eran capaces de provocar la claridad que da la liberación.

A veces respondía con un «enorme silencio», que es con frecuencia tan rico en enseñanzas como un «torrente de palabras». A quienes le preguntaban cómo buscar a Buda, él les respondía: «Es como si se fuera a la búsqueda del caballo que se cabalga».

Dos escuelas compartieron la difusión del zen en Japón desde finales del siglo XII: la escuela Rinzai y la escuela Soto. La primera, por mediación del monje Eisai, que fundó dos monasterios bajo la protección del emperador, uno en Kamakura y otro en Kioto. La segunda, con el célebre Dogen, en el monasterio de Hiei. La adaptación de la pacífica doctrina de Sakyamuni al arte militar de este país continúa siendo un enigma, pero es necesario recordar que la lección del Perfecto es, en su esencia, una liberación de todas las convenciones, incluidas las de la moral. La caballería medieval se topó en Europa con los mismos problemas: el ideal cristiano reposaba también en la noción de paz.

Conversación entre Bodhidharma y el rey Wu de Liang

Fue con Wu de Liang, el más grande de los líderes budistas de la época, con el que Bodhidharma mantuvo su primera entrevista cuando llegó a China. Así fue como debió desarrollarse:

—Desde el comienzo de mi reinado —dijo el rey— he encargado levantar numerosos templos, copiar muchos libros sagrados y ayudar a muchos monjes. En total, ¿cuáles son mis méritos?

—Majestad, no tenéis ni el más mínimo mérito.

—¿Por qué? —preguntó el rey.

—Todo lo que hacemos no son más que acciones inferiores que lograrán que su autor renazca en los cielos o en la tierra, pero no por ello podrá alcanzar el Satori. Lo que hacemos no es nada.

Wu dijo entonces a Bodhidharma:

—¿Cuál es el primer principio de la santa doctrina?

—Es grande, señor. No hay nada en él que pueda ser llamado santo.

—¿Qué es pues lo que hay frente a mí?

—Lo ignoro.

Esta fue la respuesta de Bodhidharma.

(continúa)

Esta respuesta era sencilla y clara, pero el rey, piadoso e instruido, no logró captar su sentido.

Viendo que no podía prestarle ninguna ayuda a su real interlocutor, el sabio se retiró y se mantuvo durante nueve largos años sentado y con las piernas cruzadas de cara a la pared de su celda.

Es lo que ha venido a ser llamado la «contemplación del muro». Entonces quiso volver a la India, su país de origen, donde se cree que murió, en 528, a la edad de ciento cincuenta años.

La alegoría del toro

El yo verdadero, el «yo mismo» empleando la terminología india, está concebido bajo la forma de una piedra preciosa perfectamente pura, incluso cuando está cubierta de barro. Se trata de volver a encontrarla. Es el símbolo del vaquero y el toro.

El primer estadio es el de la búsqueda incierta.

El segundo representa la esperanza: la bestia no ha sido todavía percibida, pero sus huellas están ahí.

El tercero nos descubre el toro a lo lejos. El vaquero se adelanta prudentemente hacia él.

En el cuarto estadio, el toro es súbitamente apresado e intenta en vano liberarse.

En el quinto, el animal es domesticado y alimentado, hasta que al final de todo el proceso ya sigue al vaquero.

En el sexto, el vaquero lo convierte en su montura y vuelve a su casa.

En el séptimo se olvida del animal y se acuerda del hombre.

En el octavo se olvida del toro y del hombre.

(continúa)

El noveno estadio, finalmente, representa la vuelta a los orígenes o, como se lee en los textos: «Uno encuentra su propio semblante tal como era antes del mundo».

Un décimo y último estadio viene ilustrado por esta frase: «Las montañas se convierten en montañas y las olas en olas». Es el momento de la trascendencia, de la libertad más que de la liberación. El círculo se cierra sobre sí mismo. Allí, más allá de los lugares y horas del tiempo, los antiguos arios, sentados alrededor del príncipe Siddharta, están reunidos en la cima del simbólico pico del Buitre, donde preferentemente, según los textos mahayánicos, se sitúa el Despierto para responder a quienes le preguntan.

SALIR DE LA VÍA PARA ENCONTRAR LA VÍA

En el zen, es esencial, en un determinado momento, saber «salir fuera de uno mismo». Esta acción puede verse facilitada por alguna sensación violenta o dolor físico provocado por alguna cosa que, según un proverbio chino, hace retorcerse nueve veces las vísceras.

La preparación es la siguiente:

— hay que hacerse dueño de los objetos exteriores y darse cuenta de que en todas las circunstancias en las que el deseo impulsa a un hombre hacia alguna cosa, no es él quien tiene la cosa, sino esta la que lo tiene a él. Quien quiere un licor siente la necesidad de beberlo, pero en realidad es el licor el que lo bebe a él;

— seguidamente, hay que convertirse en dueño del propio cuerpo. Afirmar la propia autoridad sobre todo el organismo. Imaginar cómo se despega el cuerpo de uno mismo: si chilla, mandarlo callar, como hace un padre severo con su indisciplinado hijo. Si es caprichoso, amonestarlo, como se hace con un caballo sujeto por el bocado. Si está enfermo, administrarle el medicamento adecuado, como hace el médico con su paciente. Si desobedece, castigarlo, como hace el profesor con el alumno revoltoso. Hay que endurecerse físicamente y realizar en uno mismo la prueba de la perseverancia: soportar el frío en invierno y el calor en verano. Y así siempre;

— por último, hay que controlar la vida mental y emotiva a fin de consolidar y determinar un estado de equilibrio. Responder a la llamada de la «raza interior»: que un ser nacido para convertirse en el señor de todas las realidades materiales no se vea ocupado por las pequeñas preocupaciones, no vea alterado su espíritu por las pasiones ni disipada su energía vital por cosas intrascendentes. Ansiedad, recriminaciones y nostalgias del pasado, imaginaciones o anticipaciones del futuro, enemistades, vergüenza, preocupaciones: que todo eso quede alejado de uno mismo.

Hay que simplificar, desbrozar resueltamente la vegetación parasitaria propia de los pensamientos vanos y confusos. A la pregunta: «¿Cómo podré conocer la ley?», el maestro Poh Chang responde: «Come cuando tengas hambre y descansa cuando estés cansado. La calma debe convertirse en un hábito. Oyo-Mei dirigía un ejército cuando se dio cuenta de que la primera línea de sus tropas acababa de ser derrotada. Estaba en ese momento hablando con un hombre y continuó haciéndolo con la misma calma. Un poco más tarde, recibió el anuncio de que la situación había cambiado. Sin detenerse, continuó su conversación sin que el tono de su voz o la iluminación de sus ojos cambiara para nada. Así debe comportarse aquel que se adentra por la vía del zen: con un equilibrio que nada puede alterar».

Arrojar fuera lo mental, también llamado el *yo*. Ahí es donde se sitúa el paso brutal, la transformación real. Se trata efectivamente de un cambio de estado. Por eso se dice que el Satori sobreviene imprevistamente, cuando ya se han agotado todos los recursos de los que se dispone. A alguien que se sorprendía de oír que el mundo volvía al espíritu, un maestro le contó que la dificultad consistía sobre todo en hacer volver el espíritu al mundo, según el viejo método de invertir las evidencias.

Un último apologeta proporcionó una conclusión a lo expuesto sobre el budismo. Un sabio le dijo un día al bonzo Kofu:

—Descríbeme tu alma.

El bonzo le respondió:

—Mi alma es infinita: me he tragado el universo.

—Si te hubieras tragado el universo —replicó el sabio—, podrías devolverlo por la boca. ¡Hazlo!

El bonzo se mantuvo en calma, sonriente, y no respondió. Parecía que su mente estuviera muy lejos, en otra parte. El sabio se impacientó.

—¿No quieres responderme? ¿Sabes quién soy?

Pudo oírse un débil murmullo que salía de los labios del bonzo en éxtasis:

—¡Un tonto!

Al día siguiente, el sabio volvió y le dijo al bonzo:

—Explícame: he oído siempre a los bonzos zen hablar de un lugar en el que el hombre no se mantiene prisionero ni de la noción del bien ni de la del mal.

El bonzo guardó silencio.

—¿Existe realmente? —insistió el interlocutor, irritado.

—Sí, existe.

—¿Dónde está?

—Allí donde la nube blanca parece salir de la montaña para desaparecer enseguida…

La meditación según Dogen

Nacido en Japón en 1200, Dogen estudió en el monte Hiei bajo la dirección de Eisai. En 1223 realizó un viaje a China que duró varios años. A su vuelta, fundó la secta Soto y contribuyó a la difusión del zen en su país. Esta es la postura que aconsejaba mantener durante la meditación:

«La ropa y el cinturón no deben estar demasiado apretados, pero deben mantener la simetría. Hay que permanecer sentado con las piernas cruzadas, el pie derecho debe estar sobre el muslo de la pierna izquierda y el pie izquierdo sobre el muslo de la pierna derecha. A continuación, la mano derecha, con la palma hacia arriba, debe estar sobre la pantorrilla de la pierna izquierda; el dorso de la mano izquierda en la palma de la mano derecha y los pulgares de manera que sus yemas se toquen. El cuerpo debe estar erguido, sin dejarlo caer ni a la derecha ni a la izquierda, ni hacia delante ni hacia atrás, las orejas situadas sobre los hombros y la nariz orientada hacia el ombligo. La lengua contra el paladar, los labios cerrados y los dientes apretados. Los ojos deben estar abiertos y respirar con normalidad por la nariz.

»Espirar profundamente y, a continuación, después de haber comprobado que la postura es correcta, balancear ligeramente el cuerpo a derecha e izquierda y entregarse a la contemplación de aquello que está más allá de la inteligencia.

»Sólo se debe pensar en el presente, sin preocuparse a cada instante del día siguiente, porque el mañana es incierto y difícil de conocer. Lo importante es concentrarse en la práctica del zen sin perder el tiempo pensando en lo que no se tiene en ese momento. Después de eso, todo resulta realmente fácil. Es necesario olvidar lo bueno y lo malo de cada uno, la fuerza y la debilidad del poder personal.

»Si llega la vida, es la vida. Si llega la muerte, es la muerte. No hay ninguna razón para permanecer bajo su dominación. No hay que mantener ninguna esperanza. Esa vida y esa muerte son la vida y la muerte de Buda. El leño no se convierte en ceniza; la vida no se convierte en muerte; el invierno no se convierte en primavera. Cada instante de tiempo está contenido en sí mismo y es apacible».

Entre los textos de Dogen, el más conocido es *Shobogenzo,* que significa «Tesoro del verdadero ojo de la ley».

Pequeño diccionario del budismo y de las religiones orientales

ADI-BUDA
Buda primordial, dios búdico no creado que existe por sí solo, perteneciente al mahayana. Está muy presente en los cultos budistas del Tíbet, Nepal y Mongolia.

APSARA
En el hinduismo, las Apsaras son ninfas surgidas de las aguas, nacidas del batido de un mar de leche, que, siempre hermosas, bailan y tocan instrumentos musicales con los que acompañan a los dioses en sus placeres, y permanecen en el paraíso de Indra.

Las Apsaras aparecen representadas en el arte indio y en la escultura jémer. A veces, turban la meditación de los ermitaños. Las más célebres son Adrika, que se transforma en pez, Urvashi, Ramba y Menaka.

ASHRAM
Del sánscrito *ashrama*, se refiere a un lugar retirado situado en el bosque o en la montaña. Lugar de recogimiento, ermita en la que vive una comunidad que sigue una vida sencilla y natural, y pone en práctica una estricta disciplina basada en el trabajo y la meditación. Un gurú («maestro que enseña») es habitualmente el responsable

del Ashram, que recuerda a las antiguas comunidades monásticas occidentales.

Asura

Originalmente, el Asura era un espíritu supremo que después se convirtió, en las religiones indo-iraníes, en una entidad espiritual buena o capaz de serlo. Para el hinduismo, los Asuras eran más bien seres malvados porque estaban en lucha contra los Devas, que eran entidades positivas y una guía para los humanos.

Atisha

El «noble maestro». Nacido en Bengala hacia el año 980 y muerto en 1054, fue uno de los grandes santos del budismo tibetano, considerado como la cuadragesimosexta reencarnación del Bodhisattva Avalokiteshvara, el «señor brillante», manifestación de la infinita bondad de Buda. Gracias a una invitación del rey Rin-chen, Atisha, acompañado por dos monjes, se instaló en el Tíbet, donde reorganizó el budismo tibetano y fundó la secta de los Bka-gdams. Su obra se extendió rápidamente por todo el país, que desde entonces lo venera bajo la advocación de Brom-ston y conserva piadosamente sus reliquias en el monasterio de Ne-thang. Lo más esencial de su obra como reformador se encuentra en su obra *Una lámpara en el camino a la iluminación*.

Atmán

El «yo». Para la filosofía hindú, el Atmán es la realidad íntima del ser cuando ha sido liberado de su pátina occidental, opuesta al yo individual. Para el budismo, el Atmán no existe porque no es más que la expansión del ego y de la personalidad.

Aum

Voz «A», «U» y «M». Principio divino que manifiesta lo absoluto y la armonía del universo. Contracción de *A-aum*, que significa «yo hago la reverencia». Aum ilustra el principio trinitario que representa el pasado, el presente y el futuro, y los tres estados de conciencia: la vigilia, el sueño y los sueños. «A» se refiere al creador y la creación, al fuego, la acción y a Brahma; «U» hace referencia al conservador, al sol, al conocimiento y a Vishnú; «M» representa al destructor, al viento, la voluntad y la divina Shiva. Aum reúne los tres poderes universales de las tres primeras divinidades del panteón brahmánico; por eso esta voz está situada al comienzo de las obras religiosas y aparece al principio de cada oración.

AVADANA

En el budismo, Avadana es el nombre en sánscrito atribuido a los textos morales, a los relatos legendarios y a los tratados de los milagros realizados por los monjes en nombre de Buda, durante sus reencarnaciones anteriores. El fin de estos relatos es propagar la doctrina de Buda, como lo hizo en su tiempo la leyenda áurea en el cristianismo.

AVADHUTA

Es el estado de los que han renunciado a todo; en la India, es una categoría de eremitas hindúes o Samnyasin, también llamados Valrigi. Los numerosos discípulos de Ramananda (los Ramanandin), de la secta de los Shrivaishnava, fueron llamados Avadhuta.

AVALOKITESHVARA

Antigua divinidad masculina del budismo, también denominada Padmapani. Avalokiteshvara es un Bodhisattva por excelencia, que manifiesta la infinita compasión de Buda. Avalokiteshvara es representado bajo un gran número de aspectos y formas que pertenecen a la vez al budismo popular y al budismo ortodoxo. Avalokiteshvara es un Bodhisattva que mira hacia abajo, es decir, que se compadece de las miserias del mundo, por eso a veces se añade a su nombre «el que oye las súplicas y el que da de beber a los que tienen sed». También es el «señor brillante» que protege al mundo y lo ilumina, porque él mismo nació del ojo de Amitabha («luz infinita de budismo»), lo que significa que también es alguien que enseña, un portador del conocimiento. Se dice entonces que es la voz y la luz del mundo.

126

Los tibetanos consideran a Avalokiteshvara como su primer antepasado y le llaman «el que trae el loto». En efecto, se le representa con un loto en una mano y un recipiente de agua en otra de sus múltiples manos, dado que sacía la sed de aquellos que vienen a rogarle. En el Tíbet, se asegura que se encarna en los sucesivos Dalái Lama. Se le representa como un Bodhisattva con una efigie de Amitabha en su peinado, mientras que, en Asia central, Avalokiteshvara es mostrado con once cabezas y múltiples brazos que recuerdan a los mil brazos (o posibilidades) que el Bodhisattva tiene para compadecerse de la humanidad. Además, tiene un ojo pintado sobre la palma de cada una de sus manos, lo que indica a sus fieles que lo ve todo, y que todos pueden ver y recibir lo que él dispensa.

Avatar

Del sánscrito *avatara,* que significa «descendiente». Término dado a cada una de las encarnaciones de Vishnú, divinidad siempre atenta a las miserias de los hombres. Vishnú, el compasivo, interviene cada vez que la estabilidad del universo está amenazada. Hay que destacar que todas las divinidades hindúes tienen la facultad de encarnarse en la tierra según sus necesidades y las de la humanidad.

Bardo Thodol

En tibetano significa «Gran libro de la liberación natural para la comprensión en el mundo intermedio». El origen del Bardo Thodol no es conocido con precisión, pero se cree que se trata de una adaptación budista anterior al siglo VII. El principio del Bardo Thodol es ayudar al que va a morir a franquear el paso de la muerte con el mayor éxito y después, una vez muerto, a liberar su alma de la experiencia terrestre. Durante los cuarenta y nueve días que dura esta liberación, el Bardo Thodol guía al difunto y lo acompaña por las diferentes etapas de su recorrido. El Bardo Thodol es una guía espiritual y no una doctrina.

Bhagavad-gita

«Canto del Señor». Poema sánscrito, religioso y filosófico, incorporado hacia el siglo IV al sexto libro del *Mahabharata*. Compuesto por dieciocho cantos, esta biblia de la India es el texto esencial del Vedanta y uno de los textos fundamentales de la religión brahmánica, en el que Krishna expone a Arjuna una verdadera doctrina de la acción.

BHAIRAVA

Las «Terribles». Formas enfurecidas, aspectos terribles del dios hindú Shiva y numerosas otras divinidades budistas. En el budismo tántrico, las Bhairava son divinidades a la vez temibles, tales como las Erinias o Euménides griegas, pero también bienhechoras, ya que permiten luchar contra las debilidades humanas, los deseos y todo lo que impide a un ser avanzar por el camino de la liberación espiritual luminosa, el camino de Buda.

BHAKTI

Devoción personal y apasionada, referida especialmente a Krishna-Vishnú tal como está prescrito en el *Bhagavad-Gita*. Los miembros entusiastas de sectas, llamados *bhakta*, dedican toda su devoción al «señor adorable», a veces con una enorme exaltación mística.

BHIKSHU

Monje mendicante budista, ataviado con una simple toga de color amarillo y con el pelo rapado. Un bhikshu no posee nada más que una escudilla, un abanico y un bastón.

BODHI

Palabra que significa «despierto», utilizada por el budismo para referirse al último estadio del pensamiento que reúne la conciencia suprema y el conocimiento de la ley, a la manera como lo concebía Buda al término de su meditación.

BODHIDHARMA

Sabio y filósofo indio, budista fundador de una escuela de meditación tchan, en los comienzos del zen, que vivió en el siglo VI de nuestra era. La tradición afirma que meditó durante nueve años delante de un muro y defendió finalmente que «no saber nada es saberlo todo». Se le presenta con los ojos desorbitados porque un día, tras dormirse a pesar de estar vigilante, se cortó los párpados para castigarse y no sucumbir de nuevo a esta debilidad.

Bodhidharma fue el vigesimoctavo patriarca después de la muerte de Buda. Gran maestro del zen, su imponente silueta es mostrada a menudo en una postura de meditación.

BODHISATTVA

Palabra que significa «el que está despierto»; ser que alcanza el estado de Buda pero que renuncia a él provisionalmente a fin de encarnarse de nuevo para ayudar a la humanidad o a un individuo en particular, en su recorrido espiritual hacia el Bodhi. En la India se representa a los Bodhisattvas vestidos como príncipes, con una corona, piedras preciosas y joyas; llevan también una flor de loto en su mano derecha.

BRAHMA

Es el primer dios del hinduismo, el dios supremo, el creador y señor del cielo, el que carece de límites. Esposo de Sarasvati, diosa de la ciencia, de la música y de la sabiduría, Brahma es representado con cuatro rostros y cuatro brazos. Es el que habría revelado los Vedas a la humanidad. La oca y el cisne son sus animales fetiches.

BRAHMÁN

En el pensamiento de la India, es el nombre dado al espíritu, al ser universal, a la energía pura, a lo absoluto y no creado, al que existe por sí mismo, a la eternidad. No hay más que un solo ser y nada existe fuera de él, lo que transmite la idea de que Brahmán significa «alma universal», aunque se trate de una noción abstracta especialmente delicada de definir.

BRAHMANDA

Según el pensamiento hindú, es el huevo cósmico del que procedería el universo. De este huevo de oro que habría madurado mil años debieron nacer Brahma y su esposa Sarasvati. Con los fragmentos de la cáscara, Brahma constituyó los siete pisos del mundo superior y los siete del mundo inferior.

BRAHMANES

Miembros pertenecientes a la casta más elevada de las cuatro hindúes, los brahmanes forman una casta sacerdotal cuyos primeros elementos salieron directamente de la cabeza de Brahma, igual que la diosa Atenea nació de la cabeza de Zeus.

En la sociedad india, los brahmanes constituyen la esencia del poder espiritual. Estos adquieren su estado no sólo por su nacimiento, sino también a través de ceremonias iniciáticas.

BRAHMANISMO

Religión india, surgida del vedismo (en el año 500 antes de nuestra era) y propia del período anterior al hinduismo, que se desarrolló con los brahmanes. El brahmanismo divide la sociedad en cuatro castas, la primera de las cuales era la todopoderosa casta sacerdotal de los brahmanes. Las diferencias entre el brahmanismo y el vedismo se refieren especialmente al Sangsara, la reencarnación, el Atmán y la función misma del dios Brahma.

BUDA

El Despierto. Príncipe indio llamado Siddharta Gautama, nacido en Kapilavastu (Pradesh, Nepal), hijo de un soberano de la tribu de los sakya y conocido como Sakyamuni, es decir, «el sabio de los sakya». Su leyenda habla de que nació en el bosque de Lumbini (actual Rummindei). Como suele ocurrir con los seres excepcionales y los fundadores de las grandes corrientes del pensamiento, diferentes enclaves reivindican ser su lugar de nacimiento. Chinos, cingaleses, japoneses e indios plantean que el nacimiento se produjo en años diferentes, pero todos lo sitúan entre 540 y 558 antes de nuestra era.

Criado en un palacio junto a otros niños de origen noble, Siddharta aprendió el arte de los guerreros y el tiro con arco. Vivió sin preocupaciones en la lujosa residencia que su padre había hecho construir para él a fin de evitarle todos los sinsabores de la existencia. A pesar de eso, a los veintinueve años abandonó esa vida fácil para seguir el camino iniciático que le permitió descubrir el mundo y a los hombres.

Esta vía le condujo hacia la comprensión y la compasión, y posteriormente hacia la Iluminación, que pudo descubrir después de una larga meditación bajo una higuera *(Ficus religiosa)*. Fue allí donde recibió la Iluminación y alcanzó realmente el estado de Buda. Murió a los ochenta años. Su influencia fue enorme en toda Asia y las leyendas que perpetúan su paso por la tierra son innumerables. Se atribuyen a Siddharta Gautama numerosos prodigios.

BUDISMO

Doctrina predicada por Buda, que es considerada la base de esta gran religión asimilada a veces a una filosofía. El budismo nació después de la muerte de Buda. Sus principios fueron enseñados y divulgados por los cinco ascetas que habían sido sus primeros discípulos. Fue durante el primer siglo de nuestra era cuando el budismo se escindió en dos grandes tendencias, la hinayana, o «pequeño vehículo», y la mahayana, o «gran vehículo», que se repartieron geográficamente el norte y el sur.

Sin embargo, el budismo perdió su influencia a partir del siglo VI, bajo la presión del hinduismo, antes de desaparecer casi por completo tras las invasiones musulmanas. Sólo pudo sobrevivir, en su forma hinayana, en el extremo norte del subcontinente y en la actual Sri Lanka, así como en Myanmar, Tailandia y Camboya, donde continúa siendo la principal religión.

En su doctrina, el budismo tiene a Buda por un gran sabio que mostró el camino del nirvana, es decir, de la liberación de la rueda de las encarnaciones. Para el budismo, toda muerte provocada es un sacrilegio, además de que el respeto debido a la vida incluye toda existencia animal, lo que supone necesariamente seguir una alimentación vegetariana. El hecho de que no exija practicar el culto a ningún dios no significa que defienda el ateísmo, sino simplemente que no es necesario rendirle culto porque dios y las divinidades ya son los organizadores del mundo. La enseñanza del budismo puede presentarse a través de estas cuatro verdades fundamentales.

La primera formula que todo es efímero; las alegrías momentáneas que experimentamos tienen necesariamente un final, lo que provoca nuevos dolores. El «yo» no es más que algo temporal que padece el nacimiento y la muerte, mientras que la consciencia sólo está sometida a los encadenamientos kármicos que ocasionan las reencarnaciones.

La segunda precisa que la desgracia de los seres procede de su deseo de poseer las cosas de la vida y de su voluntad de vivir siempre.

La tercera es el resultado de la adquisición de las dos primeras. Si se consigue suprimir los deseos, desaparecen las frustraciones y los sufrimientos que se derivan de aquellos.

La cuarta enseña, en ocho puntos, cómo lograr la liberación del encadenamiento kármico, cómo llegar a la meditación pura, similar a la que permitió a Siddharta convertirse en Buda.

CAO-DAI
«Palacio supremo». Religión sincrética vietnamita fundada en 1919 por Ngo van Chien, un joven médium anamita, y posteriormente renovada por Le Van Trung en 1926. De tendencia teosófica con elementos budistas, sintoístas y cristianos, el caodismo es una tentativa de renovación del confucianismo en la que dominan el espiritismo y el culto al Ser Supremo. Esta religión, que venera a personajes tan diferentes como Buda, Jesús, Confucio, Juana de Arco, Víctor Hugo y Churchill, dispone de un majestuoso templo en Tayninh.

CASTAS
Se refiere a las divisiones sociales surgidas en la India a partir del Manava Dharmashastra o Leyes de Manu, cuyo origen procede de la interpretación de los Vedas. El origen divino de esta organización viene dado por el símbolo del Purusha, u hombre primordial, cuya cabeza ilustra el pensamiento, los brazos la fuerza física, el vientre aquello que alimenta y mantiene la vida, y las piernas y los pies simbolizan por sí mismos el movimiento y la acción.

El sistema de castas está compuesto por cuatro categorías, o colores, llamadas *varna*: la casta sacerdotal de los brahmanes; la casta de los guerreros, llamados *kshatrya*; la casta de los agriculto-res, pastores y comerciantes, *vaishya*, y, finalmente, la casta de los servidores y artesanos, *sudra*. Estas castas están a su vez divididas en enjati, según las actividades profesionales o la importancia de su función social. Al margen de las castas, los intocables viven de oficios impuros.

CHANDRA

El «Luminoso». En la India, nombre dado a la Luna, considerada como una divinidad masculina en el panteón brahmánico. Nacido del batido del mar de leche original, Chandra era el hijo de Atri y de Anasuya, la «Benévola», y tuvo como esposa a Rohini, el aspecto femenino de Vishnú, pero, por haber raptado a la bella Tara, fue condenado por los dioses a errar eternamente por el cielo nocturno y no poder acceder nunca al reino divino.

Chandra circula por el cielo en un carro de dos ruedas tirado por un antílope o por caballos blancos. Es representado llevando una flor de loto azul en cada mano. Se llama también a la Luna Soma, y Shashanka (de *shashi*, «liebre»), porque se cree que una liebre la ha convertido en su morada (la misma creencia puede encontrarse entre los amerindios, debido al aspecto de la luna llena y a las sombras que provoca su relieve.

DAKINI

Divinidad femenina inferior. Demonio femenino de la India clásica convertido en el budismo tibetano en una iniciadora, una despertadora de fuerzas espirituales.

DALÁI LAMA

De la palabra mongola *dalái*, que significa «océano», y de la ti-betana *lama*, «maestro espiritual». Jefe del lamaísmo o budismo tibetano y soberano espiritual y temporal del Tíbet, considerado por sus fieles como una reencarnación de Bodhisattva Avalokites-vara. Según la tradición, el espíritu de un Dalái Lama se reencarna inmediatamente después de la muerte física y se sucede a sí mismo. El último Dalái Lama fue entronizado en 1939 y se estableció en la India, en Daramsala, después de la invasión china de 1959. El actual Dalái Lama, el decimocuarto, nacido en 1935, recibió el premio Nobel de la paz.

Deva

Término sánscrito que significa «divinidad luminosa» o «ser luminoso». En la India, los Devas son dioses positivos inmortales pero no eternos, mientras que en el budismo están todavía sometidos a la ley del karma, aunque viven en esferas superiores a las de los humanos. Su estado de liberación de la materia les permite acceder a la tercera visión, que el budismo llama *vista celeste*. Esta permite a los Devas vislumbrar a la vez su mundo particular y el mundo de los humanos, y contemplar durante varios ciclos de encarnación sus nacimientos pasados y sus renacimientos futuros.

Dharma

Palabra que en sánscrito significa «ley». En el budismo, el dharma es la ley moral universal y la doctrina de Buda que tiende hacia el nirvana. En el hinduismo, los rasgos del dharma (dharmashastra) contienen las reglas, los ritos, los deberes religiosos, los pecados y los diferentes tipos de purificación. Más allá de las reglas de la vida, sociales y religiosas, el dharma es el esfuerzo de los hombres en su actividad y su comportamiento, que vienen a condicionar nacimiento y vida futura. El dharma, uno de los tres tesoros del budismo, es el que acentúa o detiene el movimiento de la rueda de la vida, es decir, el encadenamiento de nacimientos y reencarnaciones.

Durga

La «Inaccesible», Gran diosa del hinduismo, forma particular de Parvati, que es portadora de los emblemas de Kali y de Shiva de los que es esposa y shakti.

Representada con dos brazos, hermosa pero feroz, cabalga sobre un tigre y puede presentarse bajo numerosas formas también temibles (especialmente Kali). El festival de Durga, el Durga Puja, es una importante fiesta india.

ESTADOS SUBLIMES

Las cuatro virtudes enseñadas por Buda constituyen la parte esencial de la enseñanza trasmitida en las escuelas budistas. Estos cuatro estados son la bondad hecha amor, la compasión, la alegría reencontrada en la alegría de los demás y la ecuanimidad (serenidad absoluta). Sólo la meditación permite adquirir estas virtudes que conducen al estado ideal de Bodhisattva.

ESTUPA

Monumento funerario o templo que conmemora la muerte (Parinirvana) de Buda o de un santo de la religión budista. El estupa es a veces un relicario que contiene los restos de un ser reverenciado o algunos símbolos sagrados. Especie de mandala de piedra, el estupa representa el mundo inferior por su base y, después, al elevarse, el mundo de las aguas y el mundo terrenal. Por encima de los primeros niveles aparecen las diferentes divinidades coronadas en la cima por la divinidad suprema. El estupa es una imagen del cosmos y del monte Meru, considerado como eje del mundo. La meditación utiliza este simbolismo y trata el conjunto del estupa desde la base hasta la cima como un camino iniciático y espiritual.

GURÚ

Maestro venerado. Título dado originalmente a un maestro espiritual, a menudo un místico, que era a la vez director de ejercicios y maestro de meditaciones de los jóvenes brahmanes. Actualmente, un gurú es un maestro rodeado de discípulos que viven cerca de él en un ashram.

HINDUISMO

Con su verdadero nombre, «Sanatanadharma» o «ley eterna», el hinduismo, llamado también *brahmanismo sectario*, es la religión con más fieles en la India. Es el resultado de la evolución del brahmanismo, del que mantiene los Vedas, o libros sagrados, si bien utilizando otras reglas (sutra, shastra), otras leyes (Manu) y otras mitologías *(Ramayana, Mahabharata)* menos filosóficas o intelectuales que las del brahmanismo. Existe una gran diversidad de comunidades hinduistas que se manifiestan a través de la adopción de tratados tales como los vishnuitas, los samhita (recopilaciones) y los agama, o tradiciones relativas al culto tántrico de Vishnú.

I CHING
Es el *Libro de las transformaciones*. Es quizás el más antiguo de los libros sagrados chinos, a la vez libro de meditación, de filosofía y manual de adivinación basado en el estudio de los sesenta y cuatro hexagramas establecidos en función de los principios yin y *yang*, y sobre los cinco elementos del mundo, hierro, aire, agua, metal y tierra, que componen el conjunto de los hexagramas.

KABIR
Místico reformador religioso indio, poeta y filósofo (1498-1540 aproximadamente) que intentó instaurar un sincretismo islámico-hindú en el que Dios habría sido Alá o Vishnú/Rama en una religión cercana al sufismo y al vishnuismo.

Kabir se oponía a cualquier distinción de razas, castas o religiones y creía en la absoluta igualdad de los seres ante la divinidad. Algunos de sus textos y poemas han sido traducidos por Rabindranath Tagore.

KALI
La diosa (Madre) negra. En el hinduismo, Kali es la Devi, la manifestación terrible del poder destructor del tiempo, pero también la fuerza vital que anima a la tierra. Como gran diosa de la fecundidad, es al mismo tiempo diosa de la muerte, mientras que en los Devas es la séptima lengua de Agni, «el fuego». Se llama Kali cuando tiene dos brazos y Bhadrakali cuando está representada con más extremidades.

KAMA
Dios del amor y del deseo carnal en la mitología hindú, que cumple la función de suscitar las reencarnaciones. Su esposa es Rati, la diosa de la voluptuosidad, y su hermano es Krodha, el dios de la ira. Kama está representado con el aspecto de un hombre joven

armado con un arco (a la manera de Cupido) que dispara flechas rodeadas de cinco flores. El *Kamasutra*, o *Tratado de amor*, forma parte de la literatura tradicional de la India.

KAPILA

Sabio mítico de la India, considerado como una encarnación menor de Vishnú. Kapila habría fundado o redactado el sistema filosófico Samkhya-sutra y el K apila.

KARGYUPAS

Adscritos a la escuela de Mahamudra, una de las grandes corrientes del lamaísmo, caracterizada por la práctica del yoga tántrico orientado a la Gran Perfección, es decir, a la iluminación mística. Entre los Kargyupas, que pueden ser comparados con los gnósticos cristianos, una de las personalidades más representativas fue Jetsun Milarepa (1052-1135).

KARMA

Ley de los actos en las religiones hindú, budista y tibetana, el karma es el encadenamiento de los actos y sus consecuencias, la energía que el individuo da a su destino. El karma está sobrecargado por todo lo que vincula al hombre a la materia y a la condición terrestre, a sus deseos y a sus miedos, y lo obliga a vivir un número ilimitado de encarnaciones antes de avanzar finalmente por el camino de Buda y alcanzar la liberación luminosa llamada *nirvana*.

A la inversa que otras religiones en las que un diablo organiza el mal y hace caer a los hombres, el karma es una ley universal de causa-efecto y de retribución instantánea, justicia inmanente de cada uno de nuestros actos que hace que el hombre sea el único creador de su destino.

KARTTIKEYA

Hijo de Shiva y de Parvati, es la divinidad de la guerra en el hinduismo y dios del planeta Marte, al igual que el Ares griego. Karttikeya es una forma de Shiva, llamada Subrahmanya. Se le representa con dieciséis brazos armados y seis cabezas, montado sobre un pavo real.

KARUNA

Karuna, «compasión pura», es una de las cuatro virtudes sublimes del budismo. En el mahayana es el principio creador de todo lo que puede permitir al hombre alcanzar la sabiduría y la compasión hacia los demás.

KRISHNA

Procedente de una palabra sánscrita que significa «negro». Krishna es el octavo avatar (encarnación) de Vishnú, una especie de dios heroico identificado en ocasiones con un guerrero (en el *Mahabharata*) o un sabio védico (en el *Bhagavad-Gita*) y Gopala Krishna, el dios vaquero. Krishna fue un jefe guerrero temido y combatido en el campo de los Pandava durante la guerra de los Bharata, que dio su nombre al célebre poema *Mahabharata*.

En el *Bhagavad-Gita*, *El canto de los bienaventurados*, Krishna es un señor supremo que conduce a la sabiduría, razón por la que este largo poema es visto como una obra sagrada.

KUNDALINI

Red de siete chakras o lotos (centros energéticos de la médula espinal). La kundalini se sitúa en la base del cuerpo, donde se enrosca como una serpiente, y termina encima del cráneo donde se halla el brahman. La kundalini manifiesta en el hombre cósmico que la técnica del yoga debe despertarse y ascender hasta lo más alto de su ser, donde tiene lugar la unión mística con el mundo celeste. Estos ejercicios de yoga son conocidos como *Kundalini-yoga* o *Laya-yoga*. Los siete chakras, palabra que significa «rueda», están repartidos a lo largo de la columna vertebral. Puntos vitales del ser humano, son verdaderas conexiones en las que se cruzan los diferentes canales de nuestra energía vital que se eleva desde el plano material hasta el espiritual:

— chakra 1, coccígeo, situado por detrás y por encima de los órganos genitales; es el principio de la tierra;
— chakra 2, sagrado, situado detrás del ombligo; es el principio del agua;

— chakra 3, umbilical, situado al nivel del estómago; es el principio del fuego;

— chakra 4, cardíaco, situado detrás del corazón; es la emotividad;

— chakra 5, laríngeo, corresponde a la garganta y al cuello; es la palabra;

— chakra 6, frontal, situado entre las cejas; a veces es llamado «ojo del espíritu y de la consciencia»;

— chakra 7, la corona encima de la cabeza, la apoteosis, el lugar de la realización.

LAKSANA

En sánscrito, «carácter». Nombre dado a los treinta y dos signos mayores que diferencian a Buda de un ser terrestre ordinario y que en ocasiones se encuentran grabados al pie de sus estatuas. En la poesía sánscrita, la palabra *laksana* se refiere a las implicaciones de un texto, que le dan un significado nuevo o más profundo.

LAKSHMI

La «Millonaria». Esposa (shatki) de Vishnú, nacida del mar como la diosa Afrodita y como ella diosa del amor, de la belleza, de la fortuna y de la prosperidad. Se encarna en todas las formas posibles y se le atribuyen un gran número de nombres; es representada, de pie sobre la superficie del mar, sujetando una flor de loto y un fruto. Es asociada al planeta Venus y a la antigua diosa Ishtar.

LALITA-VISTARA

Desarrollo de los juegos de Buda. Obra budista sánscrita que narra la vida de Buda según lo que él mismo habría explicado a sus discípulos. En realidad se trata de una recopilación tardía de antiguas leyendas que contienen numerosas escenas pictóricas y poéticas en las que se detalla la vida de Buda a la manera de la *Leyenda áurea* occidental. El *Lalita-Vistara* fue una gran fuente de inspiración para los artistas a la hora de concebir la representación del Buda en bajorrelieves y pinturas.

LAMA

Título tibetano dado, en el lamaísmo, a los superiores de los monasterios y a los monjes de un rango superior. Se encuentra también, además de en el Tíbet, en varias regiones de Asia central, Mongolia, Sikkim (la India), Bután...

LAMAÍSMO

Religión budista bastante alejada del budismo primitivo. Lhassa es su ciudad santa. Es sobre todo una religión monástica cercana a la enseñanza original de Buda. En los monasterios lamaístas se encuentran las universidades budistas que dan prioridad al estudio de los textos sagrados tales como los tantra (esotéricos) y los mantra (encantamientos mágicos), que analizan y crean, a partir de los Rig-Veda, los mandalas cósmicos.

Los lamaístas practican el yoga tántrico destinado a la activación de los chakras (véase «Kundalini»), otorgan un lugar importante a la energía femenina y permiten, mediante la contemplación, la visualización de la luz divina.

LAO TSE O LAOZI

El «Viejo maestro». Filósofo chino fundador del taoísmo y supuesto autor de los ochenta y un párrafos del Tao-te-ching (Dao de jing), *El libro del tao* o *Libro de la vía y de la virtud*, que es, como el agua, misterio y profundidad.

El reencuentro de Lao-Tseu con Confucio es célebre si bien realmente legendario.

Recuérdense estas dos sentencias del viejo sabio: «Las verdaderas palabras no son hermosas, las palabras hermosas no son verdaderas» y «La disciplina no acumula bienes, pero cuanto más se hace por los demás, más se posee».

LINGAM

Piedra, de forma fálica, simbólica del universo y de la fuerza creadora y complemento de la yoni, simbolizada por una piedra horizontal. Con la yoni, el lingam forma el apareamiento creador.

Loto

Esta flor, una especie de nenúfar que crece en las zonas pantanosas, tiene un cierto simbolismo desde la civilización del antiguo Egipto. Allí, la flor de loto reunía los símbolos del agua, el sol, el aire y la tierra porque, oculto en el agua durante la noche, sólo resurgía al aire libre cuando el sol se levantaba, como si fuera irresistiblemente atraído por la luz. Era visto como una manifestación del renacimiento solar y de su poder revitalizante, por eso se ofrecía una flor de loto a los difuntos a fin de que aspirasen el perfume vital de la flor sagrada.

En la India, la flor de loto (padma) es también vista como una fuente de vida y los budistas la sienten como emblema de espiritualidad, Según el número de pétalos que tiene, la flor de loto anuncia una progresión en el camino del alma hacia la luz. La posición de la flor de loto es vista como la más perfecta para el equilibrio físico y la meditación que conduce a la Iluminación. Buda es generalmente representado sobre una flor de loto de numerosos pétalos. En el brahmanismo, simboliza la Tierra, y el dios Brahma está sentado sobre una flor de loto.

El Saddharma-Pundarika-sutra, o *Loto de la verdadera ley*, es uno de los textos sagrados más importantes del budismo de las escuelas del Norte, que tratan de explicar el mahayanismo. El Saddharma-Pundarika-sutra habría sido compuesto en el siglo I de nuestra era a partir del discurso pronunciado por Buda en el monte de los Buitres, en el que expuso las bases fundamentales del gran vehículo.

Mahabharata

Es el poema épico más largo del mundo (doscientos mil versos), y uno de los dos grandes poemas de la India junto al *Ramayana*. Es una obra compuesta a base de leyendas míticas y heroicas que cuentan los éxitos guerreros de los descendientes de Pandu y Dhritarashtra, los Pandava y las Kaurava, que se enfrentan en una batalla sin piedad por el dominio de la India.

Esta obra, a la que fue incorporada tardíamente el Bhagavad-Gita, relata a la vez la historia de un país, un recorrido de consciencia, iniciático y espiritual, y la lucha que opuso el budismo tradicional al ascenso del hinduismo. Al igual que en todos los grandes mitos y epopeyas, en el *Mahabharata* puede encontrarse una enseñanza sobre la sabiduría y el conocimiento individual y colectivo, una escuela de moral y de espiritualidad.

MAHADEVA

Palabra procedente del sánscrito que significa «gran dios». Nombre dado a uno de los aspectos de Shiva y de Rudra (un antiguo dios de la muerte y de la fecundidad) en la religión brahmánica. Potencia creadora, Mahadeva es simbolizado por el lingam, la piedra símbolo del universo y de la creación.

MAHATMA

Palabra procedente del sánscrito que significa «gran alma» y que se da como título honorífico a personas de gran renombre como Gandhi. Se compara a veces al Mahatma con un Bodhisattva, es decir, un maestro de sabiduría y de santidad.

MAHAVAMSA

Relato en pali de la historia de Sri Lanka que trata de la introducción del budismo en la isla hasta mediados del siglo IV de nuestra era.

MAHAYANA

«Gran vehículo». Rama del budismo que tiende a hacer progresar al mayor número posible de almas hacia la realización espiritual y la liberación luminosa. Aparecido en el norte de la India en el siglo I de nuestra era, el mahayana se extendió por China, el Tíbet y otras muchas regiones de Asia.

En el fondo, el principio del mahayana mantiene que la santidad no es sólo un asunto individual, sino que depende de las acciones que realizan los Bodhisattvas cuando utilizan sus conocimientos y su gran compasión para ayudar a los hombres, en lugar de acceder al estado de Buda al cual pueden aspirar.

Manava (Manu)

«Hombre» en sánscrito y nombre del primer hombre que vivió en la tierra en el presente ciclo (kalpa) de la humanidad.

Según los purana, catorce manavas vivían antes del diluvio, y uno de ellos habría salvado a la humanidad del cataclismo. Sería el antepasado de la raza humana actual y el redactor, bajo el dictado de Brahma, de las leyes de la tierra que constituyen el *Manava-dhannashastra* (*Tratado del Dharma de Manu* o *Leyes de Manu*).

Se trata de una recopilación (escrita en el siglo I de nuestra era) constituida por doce grandes capítulos que contienen leyes sociales, morales y religiosas, que establecían las castas de origen divino como sistema de organización social en la sociedad hindú.

El *Manava-dhannashastra* comenta y explica el origen del karma, la función del dharma, y el origen y el futuro de los seres humanos y su destino, además de ofrecer las reglas para estudiar los Vedas.

Mandala

Palabra que en sánscrito significa «círculo». Figura del budismo tántrico, representación del universo utilizada como soporte para la meditación, y como itinerario iniciático y espiritual. Un mandala está constituido por figuras geométricas, que mezclan cuadrados y círculos, y en las que cada punto manifiesta las energías del mundo y del individuo, y las orientaciones terrestres y celestes.

El centro de un mandala está generalmente ocupado por una representación del Buda primordial o por una o varias divinidades, pero también por un símbolo que manifiesta la suprema sabiduría por alcanzar. Por su arquitectura y su simbolismo, numerosos templos del budismo mahayana están edificados según los planos de los mandalas, especialmente el templo de Borobudur, en cuya cúspide el estupa es el centro, aunque no contiene ningún símbolo, porque manifiesta el nirvana y el vacío absoluto.

Mantra

Término sánscrito que significa «instrumento para anunciar el pensamiento». Fórmula sagrada, utilizada por los sacerdotes budistas e hinduistas, que posee por sí misma el poder de la divinidad que representa o solamente un aspecto de esta. Esta es la razón por la cual se concede un poder mágico al mantra que permite atraer hacia sí este poder de una manera positiva o negativa, espiritual o material.

Aunque contengan varias palabras, como «Hare hare Krishna», la mayor parte de los mantras tienen originalmente la sílaba «om» o «aum». Un mantra cobra mucha más fuerza si se repite con frecuencia, como lo tienen las letanías de los cristianos.

MAYA

En sánscrito significa «ilusión y fuerza mágica». Simbolizado por un espejo, se define como el poder de las ilusiones que crea el mundo de las apariencias. Es la fuerza de la creación mágica (Asura), la ilusión universal (Upanishad) y todo aquello que no es más que el reflejo del cielo, es decir, todo aquello que no es Dios. Así, la divinidad se oculta entre las numerosas creaciones que el hombre puede conocer. Maya era el nombre de la madre de Buda, la cual consiguió precisamente liberarse del mundo de las apariencias para ganar la pura luz universal.

MILAREPA

«El que va vestido de algodón». Poeta y ermitaño tibetano (1040-1123), fue el discípulo de un maestro de sabiduría budista, llamado Marpa. La existencia de Milarepa estuvo marcada por todo tipo de acciones prodigiosas tales como la levitación, la ubicuidad y la videncia. Envenenado por un lama envidioso, Milarepa murió después de haberlo perdonado, acción que le permitió alcanzar el nirvana, es decir, la liberación de los ciclos de la encarnación. Milarepa fue uno de los grandes santos del budismo tibetano.

MUDRA

Palabra sánscrita que significa «sello». Gesto simbólico que realizan los sacerdotes y los fieles con los dedos y las manos para expresar una actitud mental de Buda o el poder de una divinidad. El budismo del sur reconocía cuatro mudras principales (que iban de la meditación a la serenidad), mientras que el budismo del norte utilizaba un número mucho mayor, igual que las danzas religiosas indias.

NIRVANA

«Extinción». En el budismo y en el hinduismo, el nirvana es la serenidad absoluta, desnuda de cualquier deseo y de todo miedo, sin las tres pasiones que conducen al sufrimiento: raga (deseo), dvesha (odio) y maha (error). Alcanzar el nirvana es alcanzar un estado final sin futuro, por lo tanto, sin muerte ni reencarnación, un estado en el que la rueda kármica está estabilizada. Lejos de ser una no existencia, el nirvana es la suprema realización que libera de uno mismo mediante un estado de paz y amor universal que constituye la realización perfecta de la sabiduría. La situación contraria al nirvana es el sangsara, en el que el alma, cercada por sus lazos con la materia, se encuentra forzada por infinitos ciclos de reencarnación.

OM *véase* AUM

PANDIT

Del sánscrito *pandita*, «sabio». En la India, *pandit* es un título honorífico dado a los eruditos, a los creadores de sectas y a los brahmanes que estudian los textos sagrados, las ciencias, la tradición y la literatura de la lengua sánscrita.

PATANJALI

Filósofo y filólogo hindú, según la tradición fundador del sistema del yoga, filosofía que enseña las leyes de la liberación del alma del mundo material y método que conduce al individuo por una ruta cercana a la búsqueda de la sabiduría suprema. Los proverbios y aforismos del *Yoga Sutra* fueron traducidos y comentados por Schopenhauer (1788-1860), que los descubrió para Europa con el título de *Aforismos de Patanjali*.

PRAJAPATI

Procedente de una palabra sánscrita que significa «maestro de las criaturas» o «señor». En la mitología brahmánica, Prajapati personifica a Brahma y a los dioses primordiales en el origen del universo, como Indra, Savitiri y Soma, antes de que se diera este nombre a todas las divinidades celestes nacidas de Brahma, las Maharishi, creadoras ellas mismas de todo lo que es. Hay diez Prajapati.

Prajna
En el budismo, Prajna designa la inteligencia y la sabiduría. Es sinónimo de Budhi y Prana.

Prajnaparamita
Divinidad del budismo mahayana personificada por una mujer joven. Es la perfección de la sabiduría divina.

Rama
En el hinduismo, Rama es la reencarnación de Vishnú, la manifestación de la ley cósmica y del principio solar. Héroe luminoso, Rama, cuyo nombre es una manifestación de la palabra sagrada «Aum», habría aportado la paz y la felicidad durante la segunda edad del mundo. Rama es el héroe del *Ramayana*, que representa al personaje ideal del joven hindú que posee todas las cualidades: respetuoso con su familia, consumado tirador de arco y enamorado de su esposa Sita, que es raptada por un demonio, el terrible Ravana.

Dado que es el avatar de Vishnú, Rama es objeto de un culto muy extendido en la India.

Ramayana
Largo poema en sánscrito que narra las aventuras de Rama *(véase más arriba)* en busca de Sita, su esposa raptada.

Reencarnación
Principio religioso que se basa en que el alma humana experimenta numerosas existencias, y alterna vidas y muertes, hasta que está suficientemente depurada como para no permanecer prisionera de la materia. Según las religiones budista e hinduista, la reencarnación del alma humana puede realizarse a través de alguien de su especie, pero también a través de otro cuerpo, animal o vege-

tal, en función del grado de evolución o desagregación. La creencia en la reencarnación permitió el nacimiento de una enseñanza destinada a poner fin a las encarnaciones, anular la energía de la rueda de las existencias (karma) y abandonar la materia (sangsara) para dirigirse hacia la gran liberación luminosa que conduce al nirvana.

Rishi

Según la tradición, los rishi, «sabios», un total de siete para el *Shatapatha Brahmana* y nueve para el *Mahabharata*, habrían escrito los himnos e invocaciones contenidos en el Rig-Veda, así como casi todos los demás textos de los Vedas. Manifestación de las energías cósmicas, los rishi están personificados en el cielo por la Osa Mayor y son los esposos de las Pléyades.

Rueda de la vida

Según el pensamiento tibetano, el universo que puede ser experimentado por la conciencia está constituido por seis grandes reinos en los que se reparten las almas siguiendo su vinculación a las ilusiones mundanas. Estos reinos están representados en el budismo como una rueda de la vida de seis radios sostenidos por el dios Yama, personificación de la muerte y juez de las almas. Cuando el último soplo de vida abandona el cuerpo del moribundo, hace girar la rueda de la vida a la que le comunica su energía, conformada por las experiencias positivas y negativas que acaba de vivir.

Samadhi

Palabra sánscrita que significa «éxtasis», «concentración» «fijación del espíritu». Para el budismo, *samadhi* es una disciplina destinada a eliminar el dolor y alcanzar el estado de arhat, preludio de la iluminación del nirvana. Para los yoguis, el estado de samadhi es la última etapa que conduce a la unión perfecta del sujeto con el objeto, suprime el curso normal y habitual de la existencia, y permite comprender la última realidad y la comunión con la madre universal.

SANGHA

Del sánscrito *sam-gha*, significa «comunidad». Una de las tres joyas y refugio de los fieles del budismo junta a Buda y el dharma. Sangha representa al conjunto de monjes y religiosos budistas.

SANGSARA

«Desagüe», en sánscrito. El sangsara, o corriente de las existencias, es una zona intermedia por la que deambulan y sufren de deseo insatisfecho las almas de aquellos que no han aliviado suficientemente la rueda de la vida y se ven obligados a padecer las leyes del karma, siguiendo un ciclo que alterna muertes y reencarnaciones. En la progresión que va de lo más tenebroso a lo más luminoso, el sangsara es lo contrario al nirvana y a la liberación luminosa transmitida mediante el ejemplo de Buda y los textos del Bardo Thodol.

SANKHYA

En sánscrito, «enumeración», «número». Uno de los seis sistemas del pensamiento indio, por Ishvarakrisma en el siglo IV de nuestra era. El Sankhya muestra el carácter dualista del universo, compuesto por el alma pasiva (purusha) y el universo sensible (prakriti). En esta presentación, el mundo manifestado, prakriti, está constituido por tres sustancias (guna) que son sattva («luz», «pureza», «positivo»), raja («energía activa», «movimiento», «negatividad») y tama («inercia», «tinieblas»). De la importancia relativa de estos componentes dependen todas las criaturas y las cosas que existen en el universo, que se transforma siguiendo ciclos más o menos largos llamados *kalpas*. El Sankhya asegura que la materia es eterna e indestructible, y enseña que la inacción puede liberar del karma y restituir el alma a la luz pura.

SARASVATI

Río mítico que desemboca allí donde se encuentran el Ganges y el Yamuna. El nombre de este río va asociado a la esposa de Brahma, Sarasvati, diosa de las artes y de la música, de la palabra y de los cursos de agua. Divinidad de cuatro brazos que es representada manteniendo un rosario y un laúd (vina).

SHAKTI

Nombre védico que significa «energía» y que fue dado a la esposa del dios Indra. Por extensión, shakti designa (en el hinduismo y el brahmanismo) la energía femenina de toda divinidad, Parvati para Shiva y Lakshmi para Vishnú. En la shakti reside la energía creadora y generadora, pero, además, cada shakti es la manifestación del poder divino de la Devi suprema, es decir, de la diosa madre del mundo. El hombre puede reencontrar en él su shakti y la energía que le dará la libertad espiritual. La doctrina de la shakti como divinidad y energía suprema está contenida en los tantras. Existen ocho Upanishad *(véase más adelante)* referidos a Shakti en tanto que esposa de Shiva, diosa del conocimiento y de la acción, de la voluntad y de la energía.

SHIVA

En el hinduismo, Shiva es un gran dios, bueno y positivo, que se manifiesta de numerosas maneras y bajo todas las formas. Shiva, a la vez creador y destructor, encarnación del poder reproductor divino de la naturaleza y esencia misma de esta creación cuyo símbolo es el lingam, está en el origen de cualquier actividad.

Shiva es también el dios del ascetismo, por eso a veces es representado como un yogui que medita o como un ermitaño itinerante. Shiva está también presente en los cementerios y las piras funerarias, donde luce un collar de cráneos porque también es el «señor de los espíritus y de los demonios». Shiva está representado bajo los rasgos de Ardhanari, dios medio femenino, de Bhairava, el «Temible», de Dakshinamurti, el «Sabio», y de Nataraja, el «Rey de la danza». Habitualmente, sus tres características, creador, conservador y destructor, se expresan con cuatro brazos y tres rostros, a semejanza de la gran trinidad Brahma, Vishnú y Shiva.

SHRI

Es uno de los nombres de Parvati, la Shakti de Shiva. Shri, «brillante» «afortunado», es también un título otorgado en la India a personas honorables y a obras sagradas tales como el *Bhagavad-gita* y el *Bhagavad-purana*.

SIDDHARTA

En sánscrito significa «aquel que alcanza su objetivo». Uno de los nombres de Gautama, príncipe Siddharta, convertido en Buda al comienzo del budismo.

TANTRA

Palabra sánscrita que significa «trama», «tejido», «uso». Conjunto de libros que contienen las antiguas doctrinas esotéricas hindúes y budistas, el tantra recela de los comentarios y especulaciones filosóficas, simbólicas y espirituales, así como de las enseñanzas secretas y las prácticas mágicas redactadas en su forma actual entre los siglos IX y XIII. El tantra es la base de las doctrinas tántricas.

TANTRISMO

Forma religiosa particular del hinduismo, el tantrismo surgió de los tantras, de los que es su aspecto simbólico y esotérico. La práctica del yoga es preponderante y considerada como el camino que conduce a la unión con la entidad celeste superior o pura energía, Devi, que también es conocida como Gran Diosa. Existe un tantrismo shivaíta y un tantrismo budista. El primero concede una importancia primordial a la energía femenina y a la unión sexual, a la que intenta trascender, mientras que el segundo utiliza la magia y el culto femenino de la shakti. Su forma principal es el lamaísmo.

TAO TE KING

El Libro de la vía y la virtud, que habría sido escrito en el siglo VI a. de C. por Lao-Tsé, aunque hoy día se admite una redacción más tardía realizada hacia el siglo III a. de C. El *Tao Te King* es la base y la enseñanza fundamental del taoísmo y de la sabiduría tradicional china.

TAOÍSMO

Procedente de la palabra *Tao*, que significa «la vía», el taoísmo es un sistema religioso y filosófico según el cual el principio fundamental del orden universal exige que se realice la síntesis del yin y del *yang* que crean todo lo que existe. Es necesario que se armonicen los opuestos de la naturaleza: lo femenino y lo masculino, las tinieblas y la luz, el frío y el calor, lo malo y lo bueno.

La verdadera sabiduría consiste en buscar la vía o verdad suprema que concilia todos los contrarios aparentes. El asceta lo consigue mediante la meditación y la contemplación que conducen al éxtasis. Esta ruta es posible a través de una severa disciplina de vida física y moral que incluye especialmente ejercicios cercanos al yoga.

Lao-Tsé fue el fundador del taoísmo en el siglo VI a. de C., especialmente por la redacción del *Tao Te King*, o *Libro de la vía y la virtud*, que se le atribuye. Lao-Tsé ofrece en esta obra su enseñanza y sus consejos a los responsables (reyes y jefes) del mundo, garantes del orden en la tierra. El taoísmo ha influido ampliamente en la búsqueda de la luz del zen a través de la meditación de tipo no intelectual.

UPANISHAD

En sánscrito, «tratado relativo a las equivalencias». Conjunto de pequeños textos, generalmente ciento ocho (según el *Muktika Upanishad*), surgidos de los Vedas, los cuales explica y prolonga, que son considerados los textos más antiguos de la India y la base del hinduismo. Estas especulaciones y comentarios fueron redactados después de los tiempos védicos, desde el siglo VII a. de C. hasta el siglo X d. de C.

Fueron redactados en prosa y en verso en forma de diálogos y parábolas. Así hicieron más comprensibles la espiritualidad y la enseñanza de los Vedas, especialmente en lo que concierne al encadenamiento de los ciclos kármicos y de los procesos que permiten liberarse de ellos.

VAJRA

Arma arrojadiza que, al igual que la jabalina de Artemisa o la lanza de Lug, tiene la particularidad de no fallar nunca en sus objetivos.

El vajra, pequeño bastón provisto de tres, cinco o siete puntas, es, como las demás armas divinas, comparable al rayo, principio de vida y de muerte, de iniciación y de iluminación.

El vajra es también comparable al diamante, que, simbólicamente, representa lo que queda cuando las apariencias y las ilusiones han dejado de estar activas. En este sentido, el vajra (o dordje tibetano) es destructor de cualquier construcción artificial humana y revela el ser verdadero y luminoso.

VAJRAYANA

El vajrayana es la vía fulgurante, una de las doctrinas tántricas que conducen a la vacuidad, al desenlace del budismo del mahayana. El vajrayana y su enseñanza se concentran en la práctica de los rituales de los tantras y en el conocimiento por el seguidor del dharma (futuro) individual. El vajrayana tibetano también se enseña en la actualidad en Occidente.

VAYU

Vayu, dios del viento, del soplo y de la palabra, y alma del mundo, es el mensajero de los Devas y el sirviente de Indra. Se le representa cabalgando un gamo o un antílope, y enarbolando una flecha, un abanico y un estandarte que simboliza la velocidad, el aire y el viento. Se le llama también Pavana, «el que purifica», porque se le reza para conseguir la protección frente a la peste.

VEDA

Palabra de origen sánscrito que significa «conocimiento». Nombre que se da a los textos más antiguos y a los himnos sagrados de la India, redactados entre los siglos XII y V a. de C., pero elaborados sin duda mucho tiempo antes por los brahmanes, depositarios de la tradición que transmitían oralmente de iniciado a iniciado. Los Vedas están formados por cinco recopilaciones que Brahma habría dado a los rishi («sabios») en los tiempos primordiales. Esta gesta de Brahma es llamada *shruti*, es decir, la «revelación».

Las cuatro partes de los Vedas, las Samhita, son por orden cronológico:

— el Rig-veda, o Veda de las estrofas (himnos dirigidos a la divinidad);
— el Yajur-veda, o Veda de las fórmulas sacrificiales, compuesto por el Yajur-veda negro y el Yajur-veda blanco;
— el Sama-veda, o Veda de las melodías;
— el Atharva-veda, que comprende la cosmogonía y las oraciones místicas y mágicas.

Los Vedas han sido objeto de numerosos estudios especulativos, comentarios y enseñanzas, si bien habían nacido de nuevas obras religiosas y filosóficas, místicas y esotéricas tales como las Brahmanas, las Aranyakas, las Uvanishads y las Puranas, que condujeron a la aparición de nuevas religiones, como el brahmanismo y el hinduismo.

Según la mayor parte de los comentarios, los tres primeros vedas, Rig, Yajur y Sama, son los más antiguos y los más importantes; por así decirlo, la biblia de las diferentes religiones indias, aunque el vedismo, que es la religión más antigua junto a la de Egipto, poco a poco vaya dejando espacio a sus sucesoras.

VEDANTA

Es el «fin del Veda» en sánscrito. Uno de los seis sistemas (darshana) especulativos del brahmanismo, Vedanta es también el nombre dado a las teorías atribuidas al sabio Badarayana, en las que conciliaba y resumía las diferentes interpretaciones de los Vedas y de los Upanishads, que fueron objeto de numerosos análisis y especulaciones.

El Vedanta representa una corriente de pensamiento. Expresa las tesis sostenidas en los Upanishads, especialmente las que afirman la no-dualidad, cuando el yo individual (atmán) se identifica con el yo supremo (brahmán), dado que Maya no ha sido hecha más que para permitir aceptar la apariencia de la multiplicidad en el mundo.

VISHNÚ

Uno de los tres grandes dioses de la India junto a Brahma y Shiva. En esta trinidad divina, Vishnú, «dios de las mil cabezas», mantiene a la vez el rol conservador y el de elemento que conduce la evolución del mundo, cuando no es, según una rama del brahmanismo (las Vaishnava), el creador de todas las cosas. Dios bueno y atento al sufrimiento de los hombres, Vishnú responde a las oraciones de los fieles, tanto en el plano físico como en el espiritual, por eso se le representa con una gran cantidad de brazos que permiten alcanzar la liberación que supone el nirvana a cuantos más mejor.

El dios Vishnú tuvo diez avatares («reencarnaciones voluntarias»), de las que las más importantes fueron Parasurama, el protector de los brahmanes contra los guerreros kshatriya; Ramachandra, el encargado de expulsar de la India al demonio Ravana, y Krishna, el «Negro», el héroe del *Mahabharata*. Su última aparición, con el nombre de Kalki, se producirá cuando llegue el final del mundo; entonces vendrá sobre un caballo blanco. Vishnú, la divinidad más adorada de la India, reúne el conjunto de las energías del mundo, por eso es representada bajo numerosas formas, enarbolando miles de atributos y volando por los aires sobre el ave Garuad o descansando entre sus intervenciones sobre Ananta, la serpiente de mil cabezas.

YAMA

Hijo de Vivasvat que habría sido, en tiempos védicos, el primer humano en morir. Después, fue en la India el dios de la muerte, y maestro y juez supremo del alma de los vivos y de los muertos. Permanece en el sur del mundo.

Se le representa habitualmente llevando vestidos rojos y cabalgando sobre un búfalo de color verde, seguido siempre por dos perros feroces que protegen su palacio e impiden tanto las entradas intempestivas como las salidas no autorizadas. Luce como atributo un bastón, un hacha, un puñal y un lazo. Su shakti, Yami, es la divinidad del río Yamuna.

YAMANTAKA

Una de las formas de Shiva. Dios feroz, vencedor del dios Yama y maestro de la muerte, según el budismo tibetano. Yamantaka combate las enfermedades que destruyen el alma e intenta oponerse a actitudes como la ira, la envidia y la avaricia, que impiden la progresión de los hombres hacia la luz divina.

Yantra

Un diagrama geométrico próximo al mandala, un instrumento de meditación que representa el universo y las diferentes divinidades o energías que lo componen. Los yantra están formados por triángulos, cuadrados, círculos y semicírculos que evocan una construcción sagrada y los pétalos de una flor de loto. Mediante ritos especiales, el budismo tántrico provoca la meditación de aquel que los contempla. En la India, se da también el nombre de Yantra a los observatorios astronómicos, vinculando de esa manera la meditación espiritual y el estudio astronómico del universo.

Yoga

Procede del sánscrito *jug*, que significa «unir». Es una enseñanza que permite alcanzar la liberación del espíritu respecto a la materia (prakriti). El yoga es un método progresivo, a la vez espiritual y físico (posturas asana), que conduce al dominio de la respiración (pranayana), siguiendo una disciplina rigurosa del cuerpo que puede alcanzar un perfecto conocimiento del yo profundo, una visión penetrante de las cosas del mundo manifestado y el éxtasis. El yoga es también una disciplina de concentración y meditación, y una ascesis; el respeto de las diez virtudes debe conducir al espíritu del yogui a su total liberación, si sigue las ocho prácticas de la enseñanza:

— las cinco órdenes (yama): probidad, castidad, sinceridad, pobreza y ausencia de prejuicios;
— las cinco observaciones (niyama): pureza, moderación, austeridad, lectura de los textos sagrados y devoción a su divinidad personal (ishvara, ishvadevata);
— entrenamiento físico (awna): indispensable porque un espíritu no puede ser puro si el cuerpo en el que habita no lo es a su vez;
— regularizacion y control absoluto de la respiración (pranayama): es el origen de todas las funciones vitales;

— concentración perfecta (ekagrata): realizada por el espíritu respecto a un objeto o respecto a la ausencia de objeto (shunya y dharana);
— meditación (dhyana): sólo se produce cuando se ha conseguido la concentración;
— meditación concentrada (dbyana);
— absorción (samadhi) o énstasis («el perfecto olvido»): se produce cuando se ha conseguido una perfecta concentración y meditación.

El yoga tántrico, Kundalini-yoga o Laya-yoga, descansa especialmente en el despertar de los siete chakras (centros energéticos, *véase* Kundalini) repartidos a lo largo de la médula espinal y que conducen la energía del ser hasta la unión mística.

YONI
Piedra símbolo del universo y de la fuerza creadora, representada por una piedra horizontal, que es un complemento del lingam, de forma fálica.

ZEN
Una de las formas más tardías del budismo. El zen es la escuela de meditación, o dhyana, llevada desde la China hasta Japón por los monjes que recibían a los laicos en sus monasterios. El zen consiste en buscar la sabiduría y el dominio de uno mismo a través de la meditación, la vida sencilla y natural, la disciplina rigurosa y la práctica de todo tipo de trabajos físicos. El objetivo del zen es alcanzar la Iluminación (satori), sin que sea necesario realizar un trabajo intelectual ni una búsqueda espiritual o filosófica. Basta con descubrir intuitivamente la naturaleza de Buda como la desvelan los koans, una especie de problemas insolubles que demuestran que el razonamiento y la inteligencia no son necesarios para que se despierte la prajna («sabiduría») que dormita en todo ser humano. Siguiendo el modelo de los cistercienses, posteriormente constructores de catedrales medievales en Europa, cuando afirmaban «lo que haces te hace», el zen considera los trabajos manuales como

un soporte a la meditación. La intuición es juzgada como superior al razonamiento intelectual, porque el zen no tiene como objetivo más que el desarrollo del ser y el conocimiento de sí mismo según el aforismo «Mírate a ti mismo, tú eres Buda», a la manera de Orígenes, que, en el siglo III, decía a sus discípulos: «En vosotros se encuentran todos los dioses del Olimpo».

Bibliografía

BATCHELOR, Stephen: *Budismo sin creencias: guía contemporánea para despertar*, Gaia, 2004.

BAUDOUIN, Bernard: *Budismo, escuela de sabiduría*, De Vecchi, 2010.

— *Ponga el budismo en su vida*, De Vecchi, 2010.

— *Verdades sobre el Tíbet, los dalái lamas y el budismo*, De Vecchi, 2010.

BERCHOLZ, Samuel, y KOHN, S.C.: *La senda de Buda, introducción al budismo*, Planeta, 1994.

BLOFELD, John: *El budismo tibetano*, Mr Ediciones, 1979.

BOKAR RINPOCHÉ: *El día a día de un budista*, Dag Shang Kagyu - Ediciones Chabsöl, 2004.

BORGES, Jorge Luis: *¿Qué es el budismo?*, Alianza, 2000.

BOURGEOIS, Henti, y SCHNETZLER, Jean-Pierre: *Oración y meditación en el cristianismo y en el budismo,* Ediciones Mensajero, S.A. Unipersonal, 1999.

CARRIÈRE, Jean-Claude, DALÁI LAMA XIV: *La fuerza del budismo: su santidad el Dalai Lama y Jean Claude Carrière*, Ediciones B, 1997.

CHODRON, Thubten: *Corazón abierto, mente lúcida*, Ediciones Dharma, 2008.

COOMARASWAMY, Ananda Kentish, *Hinduismo y budismo*, Paidós Ibérica, 1997.

CORNU, Philippe: *Diccionario Akal del budismo*, Akal, 2004.

CUTLER, Howard, DALÁI LAMA XIV: *El arte de la felicidad*, Mondadori, 2001.

Bibliografía

DALÁI LAMA XIV: *La política de la bondad*, Ediciones Dharma, 1993.
— *Cienciamente: un diálogo entre Oriente y Occidente*, Simposio Ciencia y Mente de Harvard (1.º 1991. Cambridge), José J. De Olañeta, Editor, 1998.
— *Hacia la paz interior: lecciones del Dalái Lama*, Apóstrofe, 1998.
— *El poder de la compasión*, Ediciones Mr, 1998.
— *La sabiduría trascendental*, Ediciones Dharma, 1998.
— *Conversaciones con el Dalái Lama*, Ediciones Amara, 1999.
— *La meditación paso a paso*, Nuevas Ediciones de Bolsillo, 2002.
— *El mundo del budismo tibetano,* RBA coleccionables, 2002.
— *El mundo del budismo tibetano: visión general de su filosofía y su práctica*, José J. de Olañeta, Editor, 2003.
— *Introducción al budismo tibetano*, Paidós Ibérica, 2004.
— *La compasión universal*, Paidós Ibérica, 2008.
DAVID-NÉEL, Alexandra: *El budismo de Buda*, Ediciones La Llave, 2001.
— *En el corazón del Himalaya: por los caminos del Kâtmandú*, José J. de Olañeta, Editor, 2002.
DESHIMARU, Taisen, DOGEN: *El tesoro del Zen: los textos fundamentales del maestro Dogén*, Oniro, 2002.
FAURE, Bernard: *Budismo*, Anaya & Mario Muchnik, 1998.
GOVINDA, A., *Un budismo vivo para occidente*, Heptada Ediciones, 1992.
GYATSO, Guéshé Kelsang: *Introducción al budismo: una presentación del modo de vida budista*, Tharpa, 2001.
HARVEY, Peter: *El budismo,* Akal, 2007.
HERRIGEL, Eugen: *Zen en el arte del tiro con arco*, Gaia Ediciones, 2008.
IKEDA, Daisaku: *Budismo: primer milenio*, Taurus, 1988.
— *Misterio de la vida a la luz del budismo*, Heptada Ediciones, 1990.
— *Un diálogo entre Oriente y Occidente: en busca de la revolución humana,* Galaxia Gutemberg; Círculo de Lectores, 2009.
KALU RINPOCHÉ: *Práctica del budismo tibetano*, Editorial Barath, 1985.

— *Budismo vivo*, Dag Shang Kagyu – Ediciones Chabsöl, 2006.

— *Fundamentos del budismo tibetano,* Kairós, 2008.

KUNCHAB, Karta (lama): *Introducción al budismo*, Apóstrofe, 1997.

LELOUP, Jean-Yves: *La montaña en el océano: meditación y compasión en el budismo y el cristianismo*, Kairós, 2001.

LENOIR, Frédéric: *El budismo en Occidente*, Seix Barral, 2000.

LEVENSON, Claude B.: *El Tíbet*, Davinci Continental, 2009.

PERCHERON, Maurice: *Buda y el budismo*, Aguilar, 1962.

RAHULA, Walpola: *Lo que el Buda enseñó*, RBA Coleccionables, 2002.

RICARD, Matthieu: *El infinito en la palma de la mano*, Urano, 2001.

RINPOCHÉ, Gonsar: *La sabiduría budista*, Ediciones Amara, 1999.

RINPOCHÉ, Ringu Tulku: *El budismo explicado a los occidentales,* Viena Ediciones, 2002.

RINPOCHÉ, Sogyal: *El futuro del budismo*, Urano, 2004.

— *El libro tibetano de la vida y de la muerte. Edición revisada y actualizada*, Urano, 2006.

SCHUON, Frithjof: *Imágenes del espíritu: Shinto, budismo, yoga*, José J. Olañeta, Editor, 2001.

SINNETT, Alfred Percy: *El budismo esotérico: las enseñanzas secretas de Oriente*, Humanitas, 1999.

SUZUKI, Daisetz Teitaro: *¿Qué es el zen?*, Losada, 2006.

THICH NHAT HANH: *Sintiendo la paz: el arte de vivir conscientemente*, Oniro, 2006.

— *Cita con la vida*, Oniro, 2009.

THONDUP, Tulku: *El poder curativo de la mente*, Ediciones B, 1999.

TOULA-BREYSSE, Jean-Luc: *Las palabras del budismo*, Ediciones Sígueme, 007.

TRUNGPA CHOGYAM: *Dharma, arte y percepción visual*, Metafísica del Tercer Milenio, 2001.

ZIMMER, Heinrich: *Mitos y símbolos de la India*, Siruela, 2008.

www.ingramcontent.com/pod-product-compliance
Lightning Source LLC
Chambersburg PA
CBHW071345090426
42738CB00012B/3014